Joan Josep Bestard Capó

L'HOME QUE ODIAVA LA RESTA DEL MÓN

Primera edició: juny del 2011

@ Joan Josep Bestard Capó

jjbestard@gmail.com

A les meves dues princeses,
na Joana i na Glòria

1

Un canvi d'aires

Avui, en Miquel està especialment content.

Assegut al darrer vagó del tren d'Inca, en direcció a Ciutat, en el primer dia de la seva nova feina i amb certa nostàlgia, en Miquel es dedica simplement a contemplar el paisatge a través de la finestra. Una finestra quasi tan bruta com l'escala d'un colomer. Ho contempla amb nostàlgia perquè recorda quan ell era petit i amb sa mare agafaven el tren per anar a Ciutat. Solien agafar-lo per anar fins a la plaça d'en Joanot Colom i llavors anar a comprar o a passejar pels carrers del centre. Pensa que ja devia fer més de deu o dotze anys que no havia agafat aquest mateix trajecte.

Per desgràcia, en Miquel de petit va ser un nin molt malaltís, per tant, també recorda que no anaven a Ciutat sols per comprar o per passejar. Molts de pics hi havien d'anar per acudir a la consulta del metge, ja que ell, tornava a estar malalt. Tot virus i tot bacteri que circulava per l'aire i que podia agafar un nin de la seva edat, sempre que no l'acabàs matant com se suposa, segur que ell l'acabava agafant. Sa mare, encara que això suposava per a ells un gran esforç econòmic, el duia a la consulta del doctor Solivelles, o del *tio* Bernat, com li agradava que li diguessin a ell els nins. No obstant, el fet d'anar tant al metge no és per a en Miquel un mal record, ja que no recorda aquestes visites com una cosa dolenta. El *tio* Bernat sempre li contava històries del tot estranyes amb l'objectiu de fer-lo riure i tenir-lo entretengut mentre l'explorava. Li contava que havia comprat una excavadora amb ales per poder volar, o un camió de bombers que apagava el foc amb el pipí de les infermeres, o qualsevol altra xorrada que cridàs la seva atenció. Pareix mentida com, simplement pronunciant les paraules «pipí» o «caca», ja es fa riure a un nin petit.

-Com era que es nomia aquella infermera tan aguda que, darrera el taulell de la recepció, em deixava seure damunt les seves cames? -Es demana en Miquel en veu baixa. -Ah!... Sí! Isabel, o na cul gros com li deia el *tio* Bernat.

Quan anaven a comprar, solien anar al mercat de l'Olivar a comprar fruita, carn i sobretot peix fresc, o als carrers dels Oms, del Sindicat i de Sant Miquel a comprar roba, sabates i altres coses que sa mare s'estimava més comprar a Ciutat que no pas al poble. Molts de pics, sa mare també duia fil per fer jerseis de llana o per fer ganxet. A sa mare li agradava molt fer-ne, i es passava hores i hores amb les agulles a la mà i la randa damunt les cames. De petit, a l'hivern, en Miquel sempre duia qualque jersei de llana fet de sa mare. O així és com ell ho recorda tot.

De sobte, li venen al cap les paraules de sa mare, quan anaven a Ciutat i li deia que només li compraria una sola cosa.

-Miquel, no comencis a demanar que et compri una cosa, i després una altra, i una altra... Saps que només te'n compraré una. I només una!-Li deia sa mare. -Així és que pensa-t'ho bé abans de demanar res.

Recorda que llavors ell es passava tot el camí d'anada pensant si triaria un Argamboy, un TBO o una bossa de *palomitas*, o de crispetes com en diuen ara. Per llàstima, quan en Miquel era petit s'empraven gran quantitat de barbarismes al vocabulari del dia a dia. Li agradava, quan li compraven crispetes, tirar-ne qualcunes als coloms de la plaça d'en Joanot Colom. Així, podia veure com se les menjaven i es barallaven entre ells per agafar-les.

En Miquel, avui està content perquè començarà una nova feina, a un lloc nou i amb nous objectius per assolir. No és que aquesta nova feina li aporti massa més que el que li aportava la feina que feia la setmana passada, ni tampoc és que se senti més realitzat professionalment, ja que en definitiva, realitzarà les mateixes tasques i pels mateixos clients que en la feina que havia tengut fins ara. Però, després de sis anys fent feina a la mateixa cadira, davant la mateixa taula i mirant la mateixa paret fora finestres, necessitava un petit canvi d'aires.

Principalment, hi ha tres motius que fan que per a ell sigui important aquest canvi en la seva vida. El primer motiu i el més important, és que deixarà de veure el seu antic cap, amb el qual havia tengut, darrerament, massa petites i patètiques discussions. Patètiques discussions que feien que la seva relació hagués deixat de ser, per dir-ho de qualque manera, gaire saludable.

El seu cap és la típica persona que, com que ell és el cap, ell ha de tenir sempre la veritat absoluta. Qüestionar-lo és equivalent a veure morros i males cares tota una setmana.

-Clar com ell és llicenciat en físiques! -Diu en Miquel fluixet i cap a dintre seu. Però, amb molta ràbia. -Com si haver estudiat físiques tengués més merit que haver estudiat qualsevol altra carrera a la universitat! Com si els seus estudis tenguessin res a veure amb la feina que realitza a l'empresa! -Diu encara més enrabiat. -A veure, estudiar física a aquesta illa serveix per qualque cosa més que per, en un futur, dedicar-se a ser mestre de física? -En Miquel fa mitja rialla quan acaba de dir això i mira al voltant per assegurar-se que ningú l'hagi vist xerrar tot sol.

Li sap molt de greu deixar els seus companys. Amb ells, a diferència de amb el seu cap, ha passat molt de gust de fer feina aquests darrers anys. Troba que formaven un equip de feina molt guapo. Però, entre tots han acordat, per suposat sense dir-li res al cap de fava del cap, que es reuniran un pic cada mes per fer una canyeta. Excepte en Jaume, que no ha tastat mai una gota d'alcohol i no començarà precisament ara. Segurament farà una cola.

El segon motiu és precisament poder anar a la feina en tren. Des que va començar a fer feina a Ciutat s'ha hagut de menjar l'embós diari de l'autopista d'Inca. Cotxes que frenen de cop. Cotxes que toquen el clàxon cada dos per tres i sense cap motiu aparent. Sonats al volant que es volen ficar per aquí on no poden passar, i que a sobre, et criden i t'insulten si no els cedeixes el pas. En definitiva, perdre un munt d'hores de la teva curta vida aferrat al volant d'un cotxe i arribar a la feina amb els nervis crispats. Ara pel contrari, el qui conduirà i es posarà nerviós serà el maquinista del tren, mentre que en Miquel per la seva part, podrà llegir un llibre tranquil·lament. Sempre li ha agradat molt llegir però, darrerament no trobava el moment adequat. Avui, al sortir de la feina, té pensat anar fins a una llibreria per comprar-hi un llibre, per tal de, demà al tren, poder-lo començar a llegir. Segurament comprarà «L'últim home que parlava català», d'en Carles Casajuana, que ha sentit a dir que ha tengut molt d'èxit a la darrera fira del llibre.

Quan en Miquel era nin, i no tan nin, li encantava llegir abans d'anar a dormir. Llegia hores i hores devorant un llibre darrera l'altre. Amb la tranquil·litat de la nit era com si es pogués traslladar, amb tota facilitat, a l'interior del llibre i viure ell en persona la història que estava llegint. És clar que, quan ell era més jove, no s'havia d'aixecar tan prest per anar a fer feina, ni tampoc havia de fitxar abans d'entrar. Si arribava tard a classe no passava mai res. Ell era un excel·lent estudiant i mai li varen tenir en compte. Però sobretot, no tenia tanta son com té ara als matins. Això que diu la gent que, amb l'edat, de cada vegada es té manco son, ell encara ho ha de veure.

No recorda a on va llegir un pic que hi ha molts de nins que s'han enganxat a la lectura gràcies a «L'illa del tresor». Però a ell, el llibre que realment el va enganxar va ser «Moby Dick». De nin, aquella història i aquells personatges li varen semblar fantàsticament aterridors. Deu haver llegit aquell llibre més de nou o deu vegades, i cada vegada, gaudeix més amb aquella història de venjança d'un capità coix vers una balena blanca, i sobre tot, amb la descripció tan precisa d'aquells personatges tan estranys.

L'altre motiu pel qual està content, és pel fet, un pèl estrany, que no hagi estat ell qui ha sortit al carrer a cercar una nova feina, sinó que, ha estat concretament el gerent d'aquesta altra empresa qui l'ha telefonat i l'hi ha fet l'oferta per venir a formar part d'un nou grup de treball. Li va dir que cercaven una persona com ell, amb la preparació acadèmica i l'experiència que ell tenia, i per suposat, amb bon tracte amb els clients. Li va contar que, havia demanat als seus principals clients si coneixien una persona adequada per dur endavant aquest nou projecte, i tots, havien coincidit en que ell, en Miquel Pocoví, era la persona idònia.

Sabre que els seus clients el tenen en tan bona estima que el varen recomanar al seu principal proveïdor va fer que se sentís infinitament valorat. I sentir-se valorat a la feina és una cosa que tot bon treballador necessita de tant en tant. Especialment, després d'haver tengut un cap com el seu. Ara que ho pensa bé, no recorda que en els sis anys que varen fer feina junts, el seu cap li donàs l'enhorabona per cap de les tasques que va dur a terme. Independentment de l'èxit de les seves gestions, l'única recompensa que podia obtenir era la possibilitat de poder continuar amb la següent tasca.

-Com si en sis anys de fer feina com un cabró, cremant-se les pipelles mirant el maleït monitor de l'ordinador, no hagués tengut els collons de fer ni una punyetera feina ben feta! -Exclama en Miquel un altre cop ben enfadat.

Vulguis que no, això fa que, poc a poc, es crei un sentiment de frustració que, a la llarga i ajudat per la monotonia de la feina, es vagi convertint en desinterès i apatia vers la teva feina.

Ara però, serà diferent, encara no ha fet res, encara no sap ni quin serà en seu lloc de treball, ni quins seran els seus nous companys, encara no es pot dir que conegui gaire al seu nou cap, però tot i així, ja ha rebut el reforç de sentir-se valorat per la seva labor. Ja frisa de començar!

2

Un fet lamentable

Avui, en Pep està ben disgustat, o més que disgustat, el que en Pep està és emprenyat.

Assegut al darrer vagó del tren d'Inca, en direcció a Ciutat, en el seu primer dia sense carnet de conduir, mirant per la finestra sense veure més enllà de la brutor del vidre, pensa a veure com pot ser possible que ell hagi arribat a aquesta situació tan ridícula. Un any fora carnet i sis-cents euros de multa. Però, com és possible que li hagi pogut passar a ell, es demana un pic i un altre. Idò molt senzill, tota la culpa és d'aquells dos caps de fava de guàrdies civils que el varen aturar, sense tenir cap motiu per fer-ho, a la rotonda del cementiri de Santa Maria i el varen fer bufar.

Eren les tres de la matinada quan, tornant de fer unes copes amb una amiga seva, va veure que uns homes uniformats li feien senyals perquè aturàs el vehicle a la vorera de la carretera, i després de fer-li treure fins al darrer document de la guantera del cotxe, el varen convidar a realitzar la prova de l'alcoholèmia. Ell es trobava perfectament bé per conduir, sinó no hagués agafat el cotxe, ell sempre ha dit que no és cap boig ni cap suïcida, i per suposat, no havia fet cap infracció que motivàs que l'aturessin. Però, l'alcoholímetre va donar un poc més del permès pel nou codi de circulació, i ja tenim l'almud abrigat pel cap.

En Pep creu que li varen posar la màxima sanció que pogueren posar-li, i a més, està segur que es varen acarnissar amb ell perquè, tot i que l'uniforme verd i la veu autoritària del *Sargento* Muñoz el tenien un poc acollonit, ell els xerrava en català. I cada cop que un d'ells, fent veure que no l'havia entès, li tornava a repetir la mateixa pregunta perquè giràs la llengua i respongués en castellà, ell tornava a contestar en català una altra vegada.

-Quins collons que tens Pep! -Pensa ell amb satisfacció i tristesa al mateix temps. -T'han fotut el carnet i sis-cents euros de la butxaca, però, tu no has girat la llengua. A veure si aquests i tota la seva tropa aprenen que això del «*hablamé en cristiano*» ja s'hauria d'haver acabat fa molt de temps. També, els hi aniria bé aprendre un poc de mallorquí a aquests forasters uniformats. -Reivindica en Pep amb els seus pensaments.

Per culpa d'aquest fet tan lamentable, ara cada dia, en Pep es veurà obligat a emprar el transport públic per anar a la feina. En Pep treballa com a subdirector d'una sucursal del Banc Mayurqa al carrer del Born. És la primera vegada en la seva vida que puja al tren d'Inca per anar a Ciutat. Ell sempre ha anat a fer feina amb el seu propi vehicle i, amb el molt que a ell li agraden els cotxes, mai s'havia plantejat la possibilitat d'anar-hi amb cap altre mitjà de transport.

El tren d'Inca ha passat des de sempre pel seu poble. Però, ningú de la seva família l'ha emprat mai. Quan ell era petit son pare sempre va emprar el cotxe per anar a treballar i sa mare treballava al poble. Duia, juntament amb la seva cosina, l'estany del poble. Per aquell temps, sa mare era de les poques dones que tenia carnet de conduir, i per tant, quan anaven a Ciutat, ja fos per anar a comprar o per anar a passejar, sempre agafaven el cotxe del pare.

De petit, en Pep era el típic nin que, dins el cotxe i al llarg de tot el trajecte, es posava de genolls al seient de darrera i, per la finestra, observava els altres cotxes al passar. Un temps no era com ara que els nins van ben fermats dins la seva corresponent cadireta homologada a la seva edat i pes. Un temps els nins podien seure, jeure, anar de genollons, i fins i tot, botar al seient de darrera. Tot, excepte barallar-se amb el seu germà petit. Ja de ben menut, en Pep coneixia la marca i el model de qualsevol cotxe que pogués passar pel costat del Seat 600 de son pare. Seguriament, aquí va néixer la seva gran afició pel món del motor. Ell sempre ha dit que, si tengués més doblers i s'ho pogués permetre, canviaria de cotxe cada any. Actualment, té un Audi A5, amb un motor 3.0 V6 TDi de 240 cavalls i tracció integral Quattro, de color blanc i amb seients de cuir, del qual n'està ben orgullós, sobre tot, quan convida a qualcuna de les seves amigues a fer una volteta pel passeig marítim.

Pensant-ho bé, encara tendrà una cosa bona això d'anar amb tren. A la fi, tendrà temps per llegir les revistes de cotxes que cada mes compra i que mai llegeix perquè no hi ha manera de trobar temps per fer-ho.

Ara que hi pensa, al banc encara no saben res d'aquest lamentable incident. Si fins ara, en Pep havia estat malvist a la sucursal per la seva manera de ser, el més probable és que ara no siguin sofridors aquells personatges que té per companys.

-Quin pal haver de donar explicacions del succeït a aquells pardals assolellats de l'oficina. -Pensa en Pep un pèl irritat i amb certa vergonya. -Ara només falta que aquella colla de borinots decideixin riure-se'n de mi a la cara o començar-me a qüestionar si bec o deix de beure massa. Amb el meu fetge faig el que vull! No suport a aquella colla de reprimits acomplexats!

Realment, a en Pep només li preocupa la reacció de dues persones. Per suposat, la de don Toni, el director de la sucursal, i per altra banda, la d'en Guillemet, un jovenet que fa poc més de mig any que fa de becari a la sucursal i que ell, en acabar la feina, sol acompanyar amb el cotxe fins a ca seva.

Don Toni Vives és un vell malhumorat i desconsiderat que, a la seva oficina, es passa pel forro la llei del tabac als llocs de treball. És un homonet que ja deu tenir més de seixanta anys, d'aquells que no volen assumir que s'han quedat calbs i es deixen els cabells llargs d'una banda per pentinar-los cap a l'altra, i provar de tapar així, la seva la closca pelada. Don Toni, és un director de banc de la vella escola i tota la seva feina gira entorn a relacionar-se amb els clients importants a base de

15

fer cafetets, rebentats, variats i berenars varis al cafè de la cantonada, al costat de la sucursal. I com que és més vago que el jeure i tot això de les noves tecnologies l'hi ve un poc gran, tot el dia no fa res més que encolomar les que haurien de ser les seves tasques a la seva colla de subordinats. Colla d'inútils incompetents que encara li riuen les gràcies i li besen els peus només per poder-li fer la garingola. I per suposat, totes les gestions dels clients no tan bons ni tan importants les mana al subdirector, o sigui, a ell. Per sort, en Pep li ha caigut en gràcia al director i, l'antipatia que sent en Pep cap a ell, no és mútua. Encara que no ho sembli és una gran sort, ja que a aquest vellet malentranyat, tot i semblar una mosqueta mitja morta, no l'hi ha tremolat mai el pols alhora de defenestrar a qualcú que no li hagi entrat per l'ull dret.

En Pep no ha pogut entendre mai com és que aquest home no va agafar la jubilació anticipada que, en el seu moment, li va oferir el banc, i no se'n va anar a la seva finca de Sencelles a llaurar el sembrat, cuidar les seves vinyes i criar gallines i endiots com a ell li agrada fer. Perquè, això de fer de pagès sí que li va bé al punyeter. Cada dematí, abans d'anar a l'oficina, tot i que a vegades no ha acabat ni de sortir el Sol, li agrada passar per la finca a fer una volteta i veure com va tot. De tant en tant, fent gala de la seva generositat, sol tenir qualque eco-detall amb el personal de la sucursal i, quan hi ha l'esplet, els du una bossa d'albercocs o de prunes, o un canestret de tomàtigues o de raïm de les seves vinyes. I per Nadal, sempre té preparat un bon endiot dels que cria a la seva finca per a cada un dels empleats. Detall que la mare d'en Pep sempre ha agraït molt.

Per l'altra banda, en Pep també està preocupat pel que pugui pensar d'ell en Guillemet, el jove becari de l'oficina. Aquest al·lot és un tros de pa, i tímid, com el que més. Es pot destacar d'ell que és un al·lot extraordinàriament intel·ligent, i per tant, agafa a la primera qualsevol nova tasca que se li encomana. No és que sigui molt ràpid a l'hora de treballar, però, no s'enreda mai ni perd el temps en ximpleries, i sobre tot, no s'equivoca mai. En el temps que du a l'oficina no ha fet encara cap errada, i això, és motiu d'elogi. Això sí, al ser tan tímid, no xerra si no és estrictament necessari, i quan ho fa, ho fa tan sols amb monosíl·labs; «sí», «no», «fet», «val»... Té nassos d'estar tot el dia callat, fent feina i sense dir ni pruna. Un dia en Ferran, el graciós de l'oficina, li va demanar perquè xerrava tan poc, i ell va contestar:

-Com va dir el magnífic escriptor Mark Twain: «Val més romandre callat, fins i tot corrent el perill de parèixer que ets imbècil, que obrir la boca per dir una collonada i dissipar tot dubte.»

Aquestes paraules, tot i haver estat pronunciades sense cap mala intenció, van ofendre al toca-collons d'en Ferran, i encara és l'hora, que li hagi tornat a fer cap altra pregunta. En Guillemet sol romandre sempre amb la boca copa però, quan l'obre per dir qualque cosa, ho fa amb tanta seguretat que acollona. Si ell digués, per exemple, que les botelles de butà són verdes i amb retxes vermelles, podries estar ben segur que has estat equivocat tota la teva vida.

Amb aquest caràcter tan reservat, en Guillemet no acaba de collar, ni collarà mai, amb la resta del personal de l'oficina. Però, a en Pep li va caure bé de tot d'una. Per ventura, sols per dur la contraria a la resta. Com fa sempre sols per fotre. Únicament en Pep es dirigeix a ell dient-li Guillemet, tot i que fa prop de dos metres, i per tant, l'hi treu quasi un pam d'alçada. Els altres simplement li diuen Guillem, o Fuster, que és el seu primer llinatge.

Un dia que sortien tard de l'oficina i que semblava que estava a punt de començar el segon diluvi universal, en Pep va sentir llàstima d'en Guillemet, i perquè no hagués d'agafar el bus a aquelles hores, va oferir-se per acompanyar-lo fins a ca seva amb el cotxe. Ràpidament però, es va penedir d'aquest oferiment, sobre tot, quan va sabre que la casa dels pares d'en Guillemet no li venia gens ni mica de passada. En Pep no és precisament una persona que es caracteritzi pel seu altruisme, més bé tot el contrari. De camí, en Guillemet, mort de vergonya, no va obrir la boca més que per donar-li les indicacions necessàries de com arribar fins a ca seva. Aquest silenci va fer que en Pep es penedís encara més de l'oferiment. Fins que, quan estaven quasi a punt d'arribar, va succeir una cosa que el va fer canviar considerablement d'opinió. En Guillemet, assenyalant una al·lota que anava en bicicleta, li va amollar:

-Mira Pep! Aquella al·lota és la meva germana.

-Collons Guillemet! Quina germana més guapa que tens! -Va respondre en Pep tot bavejant. -La seva cara em sona molt. És possible que la tengui vista pel Motown? -Va demanar fent-se l'innocent, tot i que estava ben segur que aquella monada de nina era una de les cambreres d'aquell conegut local del passeig marítim. -Perquè no feim una cosa? Tu em presentes a la teva germana i jo et present a la meva i a les seves amigues, i...

18

-No, no ho facis Pep! -Va interrompre en Guillemet vermell com una tomàtiga madura -Em moriria de vergonya. Jo no...

-Però, que dius Guillemet! Amb aquesta bona planta que tens, segur que triomfaries com la Coca-Cola.

El cervell malaltís del cràpula d'en Pep ja havia començat a maquinar l'estratègia per arrimar-se a na Marta, la germana d'en Guillemet. El primer pas seria agafar per costum el fet d'acompanyar a en Guillemet cada dia fins a ca seva. El segon pas seria fer-ho venir bé per començar a tirar-li la canya a na Marta. Actualment, ja havia començat a iniciar aquesta segona fase. Per tant, l'incident amb la guàrdia civil li acabava de tirar per terra el pla que tenia en ment. No li sabia greu el fet de no poder acompanyar a en Guillemet fins a ca seva, sinó el de no poder tirar-li els trastos a na Marta quan hi arribessin. Se sentia com aquell pescador que, després d'haver enganxat a l'ham una bona peça, se li romp el fil just quan començava a recollir el rodet per pujar-la a la barca.

Tornant a pensar en la sucursal, concretament en la feina que ha de fer avui a primera hora, en Pep no pot evitar que se li ompli el cor de ràbia. Això és degut a que, precisament avui a les nou i mitja, té concertada una cita amb un xinès que vendrà a firmar un crèdit per comprar-se un cotxe nou. Justament ara que ell haurà de tenir el seu aparcat tot un any sencer a la portassa de ca seva. És molt estrany que un xinès demani un préstec a un banc. Normalment, se solen deixar els doblers entre ells. Segurament, el xinès deu haver fet comptes i li deu sortir més rentable fer-ho d'aquesta altra manera. Perquè això sí, no ha vist mai a cap xinès que tengui ni un sol pèl de beneit. En Pep mai ha arribat a entendre com s'ho munten aquests orientals. Obren un restaurant o un supermercat xinès, Mallorca ja n'està plena tant d'uns com dels altres, i als dos dies ja es passegen amb un cotxe nou de trinques. I no es conformen amb un cotxe qualsevol, aquest precisament vol el préstec per comprar-se un BMW X5.

La ràbia se'l menja per dintre. D'aquí a un parell de dies, un xinès que no fa l'alçada d'un ca assegut es passejarà amb un X5 nou de trinques, mentre que ell, continuarà assegut al seient estripat d'aquest patètic vagó de tren.

3
El cul de la grassa

En Miquel, de bon dematí, puja al tren d'Inca amb un llibre a la mà, una carpeta de documents sota el braç i un somriure d'orella a orella a la cara.

Ahir, a la nova feina, en Miquel va poder viure un dia molt interessant i ple de bones sensacions. Es va sentir com un infant petit en el seu primer dia de classe. Un dia ple d'il·lusió i amb ganes d'aprendre moltes coses noves. Es va trobar amb un equip de treball fantàstic amb moltes ganes de fer feina i de tirar endavant aquest nou projecte. I sobre tot, va veure que des de l'empresa es té molt clar que serà precisament l'esforç d'aquest equip humà qui farà possible que aquest projecte sigui un èxit. Sembla que aquesta empresa, a diferència de la seva antiga feina, sí que tendrà cura del benestar dels seus empleats.

Per exemple, per primera vegada en la seva vida farà feina a un despatx. Un despatx que haurà de compartir amb un altre company. Un company que ara mateix està de viatge i que encara no coneix. Però, un despatx al cap i a la fi. No una sala immensa plena de taules, ordinadors, arxivadors, telèfons i renous de tota mena per tot arreu, i a on era pràcticament impossible mantenir una conversa mitjanament privada amb ningú. Les parets del nou despatx estan acabades de pintar d'un color groc ataronjat que fa que l'ambient sigui més càlid i acollidor. A més, disposa de dues petites finestres que donen al carrer i que fan que sigui encara més agradable fer-hi feina. Feia sis anys que, tancat dins aquella maleïda sala, no veia la llum natural del Sol mentre treballava. El mobiliari, com no podia ser d'altra manera, és totalment nou i modern. L'ordinador és tan nou que ell mateix el va haver de treure de la capça per muntar-lo. Res a veure amb el mobiliari i l'ordinador de la seva anterior feina. Allà, tenia una taula que estava tan feta pols que semblava que en qualsevol moment li podia caure al damunt. I no en xerrem de la cadira! Aquella vella cadira tenia el respatller espenyat i feia ja un grapat d'anys que no s'inclinava. La seva tapisseria estava decorada amb una cremada de xigarro i amb unes taques blanques que ningú sabia que eren, però, que sempre havien estat allà. I a les rodes! Tenia tanta brutor aferrada a les rodes que ja no rodaven pus. Convertint així, a aquella vella cadira en una trampa mortal cada vagada que es feia qualcú enrera. Més d'un cop s'havien quedat travades al fer-se cap enrera i, per un pèl, no havia caigut d'esquena. Com li va passar qualque pic a en Lluc, que sempre anava com una moto.

En Lluc era un jove molt alegre i eixerit, dels que sempre xiulen pels passadissos, que treballava amb ells d'informàtic. Fins que un bon dia, se li varen inflar els collons i va decidir que això de la informàtica era una merda, i no la professió del futur com li havien venut. Ho va deixar tot i va canviar de feina per dedicar-se al món de l'educació. Deia que era millor estar amb nins petits renouers que amb adults caòtics que excusen la seva incompetència donant la culpa a l'ordinador. Deia que ell no s'havia mamat tota una carrera d'enginyeria en informàtica per acabar fent una feina tan mal remunerada, i sobre tot, tan poc valorada. Al menys, la feina dins una escola és més estable, està més ben pagada, i sobre tot, es disposen de més dies de vacances. A més, segur que els nins són molt més agraïts que qualsevol dels caps histèrics que ha tengut fins al moment. Inútils autoritaris que sempre volen la feina per ahir i que mai se'ls acaba de fer res bé.

Fent memòria se n'adona que, com en Lluc i ell, ha estat molta la gent que ha partit de l'empresa perquè no li agradava com es feia feina allà. Ara, els entén molt millor a tots ells.

En aquesta altra empresa el tracte és descaradament més humà. Es respira en l'ambient que hi ha molt bon rotllo, i no sols entre els empleats, també amb els caps i directius de l'empresa. L'exemple més clar es troba en la distribució física dels llocs de feina. Aquesta està feta per àrees i no pas per rang com passava a l'altra empresa. Un altre exemple clar és el mobiliari d'oficina. Tot el mobiliari de l'empresa és el mateix per a tothom sense distinció. La cadira d'un directiu és exactament la mateixa que la d'un auxiliar administratiu. I així, mil i un detalls més.

A l'hora del cafè, li varen comentar que, feia unes setmanes, l'empresa havia trobat oportú baratar els monitors dels ordinadors per uns altres de més polsades. El canvi es va fer a tots els ordinadors de l'empresa sense cap excepció. Aquest fet li va recordar aquella ocasió en que ell va ser l'afortunat d'heretar el monitor d'en Super López, el seu antic cap. El mal nom de Super López li havia posat en Vicenç quasi tot d'una que va començar a fer feina a l'empresa. El llinatge del seu antic cap era precisament el de López i, igual que aquell personatge de còmic, lluïa un ridícul bigot davall del seu enorme nassarrot. En Super López havia fet una petició a la direcció de l'empresa per adquirir nous equips informàtics. Aquesta petició es va traduir en que simplement es compraria un sol ordinador que, com no, acabaria al despatx del cap. Així mateix, es va fer la gràcia que l'ordinador vell d'en Super López pogués ser heretat per en Vicenç, a excepció del monitor que va ser heretat per ell, i a la vegada, el seu va ser heretat per na Xisca. I per suposat, tot tres varen haver de mostrar el seu infinit agraïment per la immensa generositat del seu just i cordial cap, que com sempre, es desvivia per la felicitat dels seus súbdits. Només els va faltar sortir de despatx cul enrera i fent reverències com fan els personatges dels còmics de l'Ibáñez.

Un aspecte que no li va agradar gaire va ser que aquí tothom vesteix amb americana i corbata. Encara que ningú li digués que fos una obligació ni el varen fer sentir incomode per no anar-hi, ell se sent obligat de vestir com els seus nous companys. Avui, al sortir de la feina pegarà un bot a comprar-se una muda. El problema és que això no és com anar a unes noces, on sols dus el vestit un vespre i s'ha acabat. Aquí és cada dia que haurà d'anar mudat. Haurà de comprar-ne un parell de mudes.

Almenys, net i brut. Però, a on anar? No sap si demanar-ho a qualque company. Però, li fa vergonya. Segurament recorrerà al Corte Ingles. Encara que sigui un lloc que no li agrada gaire, segur que allà troba alguna cosa a bon preu. Però, quin deu ser un bon preu per una muda per anar a treballar? Ell no n'ha comprada cap mai. I quin estil deu susar ara? La moda, tant si és per anar mudat com si és per anar de marxa, no ha estat mai el seu fort.

Mentre pensa amb tot això, no sap si posar-se a llegir el llibre que va comprar ahir o la documentació que va recollir de l'empresa. Per una banda, li fa ganes començar a llegir el llibre que va comprar a Quart Creixent, una petita i simpàtica llibreria situada aprop de la plaça Major, on li varen tornar a dir que es tractava d'un llibre molt bo. Però, per l'altra, està engrescat amb la nova feina, i llegir la documentació que li varen entregar, l'ajudaria a conèixer en quin punt es troba el nou projecte i quina és la feina feta fins al moment. Sent que l'empresa espera molt d'ell i se sent obligat a donar el cent per cent per no defraudar a ningú. Per tant, decideix que el millor és començar, quan abans millor, a informar-se del que li vendrà al damunt.

Comença per tant, a llegir els documents que havia duit ahir de l'empresa. Però, ràpidament i sense adonar-se, segurament per l'emoció de tornar a viatjar en tren, es distreu i fixa la mirada en el paisatge que, a tota velocitat, passa pel costat del vagó. Aviat, se n'adona que el paisatge del Raiguer de Mallorca ha canviat molt de quan ell era un nin petit que viatjava, amb calçons curts i sense pagar bitllet, al costat de sa mare. Ha deixat de ser un paisatge eco-lògicament agrícola per passar a ser un paisatge desagradablement urbà. Hi ha ciment i asfalt per tot arreu. A més, la majoria dels edificis construïts no destaquen precisament per la seva bellesa. Tirangues d'adossats idèntics i sense gens ni mica de personalitat. Els municipis propers a Ciutat van perdent la seva identitat de poble per convertir-se en simples pobles dormitori. Sobretot, Marratxí que és el qui està més aprop de Ciutat. Han sorgit urbanitzacions per tot arreu, o millor dit, una al costat de l'altra i sense deixar ni una mica d'espai verd entre elles. No se sap a on comença una i a on acaba l'altra. Si qualcú volgués anar caminant des de l'estació de Marratxí, o fins i tot des de l'estació del monstruós i horrible Festival Park, fins arribar a Ciutat, segur que ho podria fer passant d'una urbanització a l'altra sense baixar de l'acera.

Més trist és encara el fet que la majoria dels pocs terrenys que no estan urbanitzats estan totalment abandonats. Es veuen conreus plens d'herba, terrenys fora llaurar i ametllerars fora exsecallar on fa anys que ningú en cull les ametlles. És clar, surt més car arreplegar les quatre ametlles que fan els arbres que els doblers que se'n pot treure llavors pel bessó. Segons son pare, que sempre tenia una teoria per explicar-ho tot, la culpa la té el beat Juníper Serra que es va endur les ametlles a les missions de Califòrnia. Idò ara resulta que, dos-cents anys després, els ianquis han rebentat el preu de l'ametlla. Segur que si ho hagués sabut, o hagués tengut un pare tan viu com el seu, se'n va amb les mans buides. El fet que el preu de l'ametlla estigui tan baix està fent que, poc a poc, vagi desapareixent una de les estampes típiques del camp mallorquí. De fet, ja s'han deixat de veure aquelles colles de joves que espolsaven i recollien ametlles a l'estiu. Tot s'ha de dir que, és normal que el camp estigui tan abandonat, tenir una finca ben arreglada du molta feina, i la gent d'avui en dia està massa ocupada per perdre el temps arreglant un terreny que no aporta cap benefici econòmic. És una llàstima, sobretot quan es veu una finca que sí que està ben arreglada i es pensa que tot el camp podria estar així de guapo i de ben cuidat. Fent-ho així, el paisatge mallorquí recobraria la bellesa i l'encant que tenia un temps.

Per sort, no tot el camp és ametllerar ni tot està tan malament com el preu que es paga per l'ametlla. Al vi mallorquí l'hi ha passat just el contrari que a l'ametlla. Gràcies a la bona feina feta pels vinicultors mallorquins, s'ha aconseguit que el nostre vi gaudeixi d'una qualitat i d'un reconeixement que fa viable mantenir les vinyes i, fins i tot, sembrar-ne de noves. És un gust passar per una zona on, enlloc de camp abandonat, hi ha vinyes ben cuidades. És meravellós veure un paisatge tan bonic, sobretot quan estan verdes i plenes de rem.

Mentre es lamenta d'aquesta trista realitat, en Miquel nota una curta vibració a la part de dalt de la cuixa. Acaba de rebre un missatge al mòbil. Tot i que, els apocalíptics de la radiació diuen que el mòbil pot provocar càncer i a ell no li agradaria tenir-lo precisament als testicles, en Miquel sempre sol dur l'aparell dins la butxaca esquerra dels calçons i, quasi sempre, en mode vibrador per no molestar a l'altra gent.

-Que et jugues que és l'inútil d'en Super López tocant els collons com fa sempre. -Pensa en Miquel just en el mateix instant que identifica aquella vibració com a un missatge.

27

En efecte, es tracta d'un missatge d'en Super López, el seu antic cap, indicant-li que, tot d'una que pugui, es reuneixi amb ell en el seu despatx. Vol demanar-li com està el tema del senyor Ferrà de Barcelona.

-Aquest beneit és més curt que una màniga de guarda-pits! -S'irrita en Miquel. -Si li vaig deixar un informe detallat explicant com estava tot. A més, aquest tema en particular ja està tancat, i tothom sap que ara els assumptes del senyor Ferrà els du en Vicenç. A sobre, diu que vol que em reuneixi amb ell en el seu despatx. Estic segur que aquest borinot egocèntric no s'ha assabentat encara que he deixat l'empresa! -En Miquel, fent-ho tot en un sol gest, aixeca les espatlles i posa cara d'incredulitat i resignació. -Aquí es demostra quina mena de relació teníem en Super López i jo.

En Miquel tanca el mòbil i se'l torna a posar dedins la butxaca sense tenir ni la més mínima intenció de contestar el missatge del seu antic cap. Troba que ja no ha de perdre més temps darrera aquell inútil. Després de tot això, quan ja començava a dibuixar-se-li un somriure de fàstic a la cara, veu com una madona, grossa com un armari de tres cossos i que es mou pel passadís del vagó del tren amb la gràcia i l'agilitat d'un hipopòtam acabat d'aixecar de fer horeta, acaba d'entaferrar-li una culada a la carpeta dels documents que els deixa com si els hi hagués passat per damunt un equip de sapadors de l'exèrcit de terra. La dona, tota innocent, es gira, li somriu com si no hagués passat res, li assenyala els dos seients buits que té en Miquel just al davant i li demana si estan lliures i si s'hi pot seure. En Miquel, amb la ràbia que l'està rovegant per dedins, mira la carpeta i els documents tots mastegats, observa la cara de pa de dos quilos d'aquella dona, veu que no sembla tenir ni la més mínima intenció de disculpar-se, abaixa la vista per contemplar les cuixes plenes de varius i de la mida d'un barril de cervesa d'aquell mastodont, pensa a veure si dos seients seran suficients per aguantar el pes d'aquell cul immens que sembla una camilla amb el seu braser i, dissimulant el seu odi, li torna el somriure i contesta.

-Sí. Només faltaria!

4

Morfeu i el transport públic

En Pep, de bon dematí, encara amb el llençol aferrat a les anques, i amb unes peganyes que no li deixen veure dues passes lluny, puja al tren d'Inca amb una revista de motor a la mà i una ressaca que fa por al cap.

Ahir vespre, en Pep va tornar beure un poc més del compte.

-Però, què em pot passar? -Pensa ell mentre es pitja cada un dels extrems de les celles amb els dits índex i polze de la mà dreta. -Que em retirin el carnet de conduir? -Tanca els ulls, arrufa el nas i somriu.

Ahir a l'oficina va ser un dia penós. Els seus estimats companys del banc, després de conèixer l'incident amb la guàrdia civil, li varen fer el buit i el varen fer sentir com si fos un excrement pudent de vaca vella. Necessitava fer un parell de J&Bs amb cola per oblidar. És curiós que l'únic recurs que tengui en Pep per afrontar els problemes que li ha duit la beguda, sigui precisament, el de beure per oblidar. Però, és clar, ahir horabaixa quan va arribar a ca seva tot fet pols, i va telefonar al seu amic Vicenç per contar-li el que havia passat a la feina, la solució que li va oferir aquest no va ser altra que la d'anar a fer una volta pel passeig marítim i fer dos *cubates* per allà. Tampoc, no és que fos necessari que en Vicenç l'hagués de pregar massa per convèncer-lo d'anar-hi. Fins i tot, el cap buit d'en Pep va tenir la barra de, bromejant, demanar-li qui dels dos duria el cotxe.

Una vegada allà, quan ja havien començat a caure els primers whiskys, en Pep va veure encara una altra cosa que li va acabar d'espenyar el dia i que va contribuir a augmentar l'escalada alcohòlica d'ahir vespre. Després de fer els dos J&Bs de rigor a l'antre d'un amic seu, en Pep va trobar que seria una bona idea fer-ne un altre al local on treballa na Marta, la germana d'en Guillemet. Com que ahir no havia anat a treballar en cotxe, no havia pogut acompanyar en Guillemet a ca seva, com era costum. D'aquesta manera, podria fer amb na Marta la xerradeta que no havia pogut fer al sortir de la feina, com també l'hi agradava que fos costum. Na Marta era una peça massa bona per donar-la per perduda tan aviat. Al arribar al bar, es varen dirigir al racó de la barra on, amb un somriure alhora fred i alhora misteriós, solia servir na Marta. Però, no la varen veure. En Pep, com si fos un xoriguer o una milana cercant la seva presa, es va posar a inspeccionar tot el bar per veure si la veia. En Vicenç per altra banda, es va acostar a la barra fent-li una senya al cambrer.

-Vols un J&B amb cola com sempre o avui t'estimes més una beguda sense alcohol? -Va demanar-li en Vicenç a en Pep, fent-li a més, un poc de befa.

-Millor un J&B amb cola per no perdre les bones costums. -Va contestar en Pep encaixant la broma i fixant la vista a un racó concret del local.

En Pep havia detingut la mirada en una parella que, aprofitant la mica d'intimitat que donava aquell lloc apartat, s'estava morrejant apassionadament. Fixant-se bé, va veure que, la rossa de mirada lasciva que estava menjant-se al seu amic amb una llarga besada, era precisament l'al·lota que havia vengut a cercar. Aquella jove no era altra que na Marta.

-Anem d'aquí Vicenç! -Va dir-li en Pep al seu amic al mateix temps que l'estirava del braç.

-Però, si acab de demanar els beures!

-He dit que partim!

-Però, què putes et passa? No podem acabar-nos primer la beguda?

-No m'emprenyis Vicenç! He dit que partim! -Va tornar a dir-li en Pep al seu amic al mateix temps que li pegava una mirada que li feia entendre que no calia que tornàs a insistir.

Varen sortir del bar a corre cuita mentre el cambrer, botella de J&B a mig obrir en mà, els mirava discutir. Va pensar que per ventura es tractava d'una parella de marietes barallant-se i a punt d'estirar-se els cabells o de rapinyar-se la cara.

Al veure na Marta aferrada a un altre home, va ser quan en Pep es va adonar que realment li agradava molt aquella al·lota. No es tractava sols d'un altre trofeu que volgués conquistar per afegir a la seva llarga llista de conquestes. Es va sentir ferit i enganyat, i això, que na Marta no li havia donat mai gaires signes d'esperança. Va pensar que, així com havia anat la resta del dia, aquest no podia acabar d'altra manera.

-Què ha passat Pep? -Li va demanar en Vicenç cercant qualque mena d'explicació.

-Res!

-On vols anar ara?

-A jeure. -Va dir en Pep totalment abatut.

-On has dit?

-A jeure! Què t'has tornat sord?

-Au, no diguis dolls! T'he demanat, on vols anar? -Va insistir en Vicenç, sabent segur que en Pep acabaria cedint.

-Aquí mateix! -Va decidir en Pep fent-se el valent i donant un gir de cent vuitanta graus a la seva decisió.

Varen tornar entrar al local on treballa na Marta i es varen dirigir al mateix lloc de la barra que havien abandonat poc abans. El cambrer, que acabava de deixar la botella de J&B al seu prestatge, la va tornar agafar i, sense demanar res a ningú, va començar a servir les begudes que no havia arribat a servir abans. El cambrer se'ls va mirar de dalt a baix per veure si s'havien rapinyat o descambuixat durant la baralla, va riure-se'n d'ell mateix i dels seus pensaments absurds, i va pensar que, si havien tornat entrar, devia ser que s'havien tornat a reconciliar.

En Pep va agafar la beguda i, amb tres glops i sense amollar paraula entre glop i glop, es va acabar el J&B d'una tirada. Dos segons després, pegant amb el tassó buit un cop al tasser, en va demanar un altre per a ell i un altre per en Vicenç que, just just, s'havia posat el seu a la boca. Amb el coratge que li havia donat l'alcohol, en Pep va cercar la mirada de na Marta intentant mostrar, amb la seva, la major indiferència possible. Na Marta el va mirar, li va somriure, li va aclucar l'ull i va seguir besant al seu amic. Va caure un altre J&B, i un altre, i un altre...

Com cada dematí, ha sonat el despertador fent aquell horrible «pi, pi, piiii...» que es fica irremeiablement dins el cervell, fins que, en Pep, pegant-li una manotada, l'ha fet callar. El pobre s'ha mig despertat sense sabre, en un primer instant, on es trobava. S'ha vist a la seva habitació, ajagut damunt el seu llit fora desfer i sense sabre com hi havia arribat. Duia la mateixa roba que duia ahir vespre i les sabates estaven tirades per terra. Segurament, en Vicenç l'havia portat fins a ca seva, li havia tret les sabates i l'havia deixat adormit damunt el llit. Quan ha obert els ulls, no se'n recordava de res. Però això, era precisament el que ahir vespre havia sortit a cercar.

Així com ha pogut i sense cap ganes de fer-ho, en Pep s'ha aixecat del llit. Només incorporant-se, s'ha adonat que gaudia, i que gaudiria al llarg de tot el dia, d'un mal de cap terrible. A les dues passes, ha perdut l'equilibri i ha caigut de cul a terra. Encara anava un poc gat i no havia recuperat, del tot, les seves facultats físiques. Assegut a terra, ha vist que els baixos dels calçons i les punteres de les sabates estaven tan bruts que feien oi als porcs. Ha deduït, pel color i la textura d'aquella brutor, que devien ser les restes dels seus propis vòmits. No recordava en quin moment havia vomitat.

Però, aquells indicis, i sobretot, el mal gust a la boca, indicaven que així havia estat. Una vegada acabat aquest procés deductiu, ha desitjat no haver-ho fet a sobre del pobre Vicenç, ni tampoc, a l'interior del seu cotxe. Després de llevar-se aquella fastigosa roba de sobre, s'ha ficat a la dutxa per mirar d'espavilar-se un poc, i quan ha sortit, s'ha preparat un cafè ben carregat i dos Paracetamols efervescents. Amb aquestes lamentables condicions, s'ha preparat per encarar el que ha de ser el seu segon dia fora carnet de conduir. Ha passat pel garatge, ha mirat al seu estimat Audi que estirà allà aparcat per molt de temps i, com si fos una persona a qui pogués contar les seves penes, li ha dit:

-Avui, també sembla que serà un dia ben dur a l'oficina. A Déu! Ens veim a l'horabaixa. No et moguis d'aquí.

Assegut al darrer vagó del tren, tal i com va fer ahir, en Pep agafa la revista de motor que ha agafat abans de sortir de casa i comença a fullejar-la. Al poc temps, s'adona que és incapaç de llegir dues frases seguides. Les lletres li ballen al davant i pareix que volen jugar a «Conillons, a amagar» amb ell. Els efectes dels darrers J&Bs amb cola encara estan presents al seu cos. Desisteix i tanca la revista.

Una vegada raconada la revista, en Pep aixeca els ulls per mirar als altres usuaris del tren, i veure així, quin tipus de persones l'acompanyaran a partir d'ara en el seu periple diari per anar a treballar. Aviat i sense haver de fixar-s'hi gaire, veu que la majoria d'ells són, o bé jovenets que deuen anar a l'institut o a la universitat, o bé immigrants que deuen anar a fer feina. Hi ha magrebins, sud-americans i sud-saharians, però, cap xinés.

-Curiós! Molt curiós! -Pensa en Pep recordant-se del xinés que ahir va anar al banc a firmar el crèdit per comprar-se un cotxe nou. -Aquests sí que s'ho saben muntar bé. No sé com s'ho fan. Però, els punyeters ben aviat ja disposen de doblers per comprar-se el seu propi vehicle i no haver de compartir el seient amb ningú.

A en Pep no li fa cap gràcia haver de compartir el vagó amb aquest darrer tipus de gent. No és que es pugui afirmar que en Pep sigui una persona racista, ja que mai li ha sabut greu haver de relacionar-se amb gent d'altres races. No es tracta d'un problema amb el color de la pell, ni tampoc, amb el país de procedència. Tot el contrari. En Pep té varis amics argentins i d'altres africans. Amics amb els quals sol sortir sovint a sopar, i sobretot, de festa. Més bé, en Pep és una persona extremadament classista. Una persona que només sol relacionar-se amb gent que comparteix, per dir-ho de qualque manera, el seu mateix estatus social.

Observant, una a una, a totes aquestes persones que comparteixen amb ell el trajecte amb tren, en Pep dedueix, de manera bastant equivocada, que avui en dia només deuen emprar el transport públic les persones que no els hi queda altre remei. Ja sigui per motius econòmics o perquè no disposen de carnet de conduir. I d'aquests darrers, perquè encara no tenen l'edat per traure-s'ho o perquè són tan imbècils que l'han perdut en un control d'alcoholèmia. Si es fixàs un poc més bé, en Pep veuria que aquesta deducció està molt lluny de la realitat. Però, a ell ja li va bé pensar-ho així.

Sense res millor a fer, en Pep segueix observant la gent dels altres seients i veu que n'hi ha molts que, a aquestes hores del matí, aprofiten per acabar de fer una dormideta. N'hi ha que, reclinant el cap a la finestra o al seient, han trobat una bona postureta. Han tancat els ulls i, amb les mans creuades, han caigut atrapats als braços de Morfeu com si fossin angelets. Molts d'altres, no han estat ni tan hàbils ni tan fins alhora de col·locar-se per fer la becadeta. N'hi ha que dormen totalment eixancats. N'hi ha que tenen el cap solt, lleugerament inclinat cap endavant o cap endarrere, i sense poder evitar que se'ls engronsi al ritme de les sacsejades del tren. N'hi ha que s'han dormit amb la boca mitja oberta, amb el perill que, tard o d'hora, els hi entri a dedins una mosca o qualsevol altre insecte volador. Fins i tot, n'hi ha que se'ls hi cau una mica la baba. Tots aquests altres, més que angelets, pareixen més bé pallassos de Cucorba. Sols els hi falta posar-se a roncar per acabar de fer l'espectacle complet, i que la gent que els observa i que fins ara s'aguantava les rialles, n'esclati amb una de ben grossa.

La idea de dormir el que resta de trajecte, és una idea que sedueix bastant a en Pep. El seu cap i el seu cos li agrairien. Així és que, decideix deixar de filosofar sobre els motius que fan que la gent empri, o deixi d'emprar, el transport public, i prova de fer una petita becadeta abans que el tren arribi a Ciutat. Deixa la revista que ha estat incapaç de llegir al seient del costat. Es posa de mans creuades. Mira de col·locar bé el cap per no acabar fent el ridícul. També, tot i que no ha vist cap insecte volant per dedins del vagó, s'assegura de tancar bé la boca. I finalment, acluca els ulls. Però, encara que la son és molta i, tot i que pareixia que s'havia de dormir de seguida, no aconsegueix adormir-se en aquest primer intent. Es veu que, per adormir-se en un tren que pega més sacsejades que el «Dragon Kan», es necessita un poquet més de pràctica. Ho torna a provar, ja que així li ho demana el seu cos. Però, quan a la fi semblava que podia aconseguir-ho i ja començava a somiar amb els angelets, el maquinista decideix que és un bon moment per, al mateix temps que fot una bona frenada, tocar, de manera forta i continuada, l'ensordidor xiulet de la locomotora. En Pep, més cremat que un misto, es caga amb la mare que va parir al tros de banc del maquinista, desitja que li pegui rampa al ben mig de les cames i desisteix, per avui, de tornar-ho a intentar. Ja ho tornarà a provar un altre dia.

En vista de l'èxit, en Pep retorna a l'entretinguda activitat d'inspeccionar el vagó on ha decidit pujar, per comprovar que, l'estat del mateix és bastant lamentable. Quasi tots els seients estan estripats o espenyats, i molts d'ells, fan oi de tanta brutor que duen aferrada. Ves a sabre que són totes aquelles taques multicolors. Els cartells d'informació estan tots migs desferrats o pintats de retolador. Precisament, de pintades de retolador, n'hi ha per tot arreu. Just devora el seu seient n'hi ha una de molt típica que posa: «*Tonto el que lo lea*».

-Com si el teu coeficient intel·lectual fos molt alt. -Diu en Pep, com si contestàs a qui ho havia escrit. -Segur que per escriure una frase tan eloqüent i tan plena de significat com aquesta hauràs hagut d'estudiar, mínim, tres màsters a l'estranger.

Mentre es burla d'aquest gran erudit que, amb retolador, sol escriure missatges filosòfics al tren, entra al vagó una dona tan grassa com un lluitador japonès de sumo. Va acompanyada d'un nin petit i magre que deu ser, segurament, el seu nét. Ella és una d'aquestes dones que van sempre totes vestides de negre, d'aquestes que han anat enganxant un dol amb l'altre, de tal forma que ja no es plantegen dur roba que sigui de cap altre color. El nin va, davant davant, cercant un lloc lliure per seure mentre la pobra dona el segueix així com pot. Es tracta d'una madona amb el cul tan gros que, mentre camina pel passadís, va fregant, de banda a banda i amb les seves desmesurades anques, cada una de les dues fileres de seients. A sobre, a la pobra dona se li mig distingeixen unes cames totes plenes de varius. Unes varius grosses i blaves que escarrufen sols de mirar-les. Es veu d'una hora lluny que la pobra dona pateix, des de fa ja un bon grapat d'anys, molt de mal degut a aquesta mala circulació. Els seus peus estan inflats com la pell d'una xeremia i sembla que en qualsevol moment arribaran a rebentar les petites espardenyes que du passades. A la seva cara, es veu reflectit el sofriment i el dolor que suporta a cada petita passa que dóna.

El nin, més falaguer que una centella, aviat ha travessat tot el vagó fins trobar un lloc lliure per a la seva padrina.

-Padrina! Allà n'hi ha dos! Fes via! Corr! -Crida i insisteix el nin des de l'altra punta del vagó, sense poder entendre que la seva vella padrina, ja va a la màxima velocitat que li permeten les seves cansades cames.

La mala sort o la manca de reflexos d'aquella anciana dona fan que, quan està passant just per devora en Pep amb els dos tiquets del tren a la mà, un poc pels nervis que li provoquen els crits i el trull que fa el seu nét i un poc per l'artritis que pateixen els seus dits arrodonits, li caiguin en un descuit els dos bitllets enterra, sense poder, com es pot tristament suposar, acotar-se per recollir-los. A l'acte, quasi instintivament, en Pep que estava agafant la revista que havia deixat abans al seient del costat, s'acota per agafar els dos paperets i donar-se-los a l'acalorada velleta.

-Tengui senyora. -Li diu en Pep a la padrina just després de recollir els dos tiquets del terra.

-Moltes gràcies jove. No sé com ho hauria fet. -Li contesta la padrina tota agraïda.

-No hi ha de què. Només faltaria!

-Bernadet! Esperem allà quiet i no et moguis! -Crida la padrina barrejant al seu nét. -I per favor, no facis tant de trull, que tothom ja deu estar marejat només de veure-te fer l'indi. -Li suplica al final.

En Pep, al veure com n'està d'agraïda la pobra dona, se sent molt satisfet pel que acaba de fer quasi sense adonar-se. Com solia dir el seu padrí:

-Ja hem fet la bona acció del dia.

En Pep, recordant al seu padrí, somriu mentre observa com la velleta i el seu pas de tortuga coixa arriben, poc a poc, al lloc on hi ha els dos seients lliures i, després de demanar permís a l'home que hi ha assegut al davant, s'hi asseu. S'hi asseu de cop, deixant caure a plom aquell enorme cul damunt aquell pobre seient indefens.

5

La tossina del fumador

En Miquel, tal i com ve fent aquests darrers quinze dies, entra al darrer vagó del tren d'Inca amb mil idees innovadores al cap i amb la intenció d'anar a comprar, per segona vegada, «L'últim home que parlava català».

Fa un parell de dies, quan més engrescat estava amb aquest llibre d'en Carles Casajuana, se'l va deixar, en un descuit, oblidat al porta-equipatges del tren i, per descomptat, no confia en trobar-ho a l'oficina d'objectes perduts. Precisament, aquell mateix dia, va ser el dia en que a la fi va conèixer al seu company de despatx. En Germán, que és així com es nom, havia estat, fins aquell mateix dia, de viatge pels Estats Units arreglant no se sap quins assumptes familiars.

En Germán és psicòleg, argentí i aficionat del «*Boca Juniors*». És increïble el tema del futbol i els argentins. No feia ni deu minuts que el gerent els havia presentat i, en Germán, com si fos la cosa més important del món, ja estava xerrant de futbol. Sembla mentida però, pels argentins, el futbol és com una religió, i com no, en Maradona és el seu déu. Per contra, per en Miquel, aquest esport, com quasi tots els altres, no és més que una miserable pèrdua de temps. No pot entendre com és que hi ha tanta gent que pugui entretenir-se, i fins i tot embogir, mirant a una vintena de pardalots amb calçons curts encalçant una pilota, per després, quan a la fi la tenen entre les cames, pegar-li una coça amb totes les seves forces. I quan pensa el que se'ls hi paga a cada un d'aquests pardalots, sí que llavors és cert que no ho pot entendre. El padrí d'en Miquel, roig fins a la medul·la, deia que en Franco havia inventat el futbol perquè la gent tengués una cosa de la que poder parlar al cafè i no xerràs així de política. El pobre, havia trabucat un poc el cap veient com morien molts dels seus camarades a les obres de construcció del «*Valle de los caidos*». Segons la seva padrina, de llavors ençà mai va tornar a ser el mateix.

El seu nou company és una espècie del que abans les revistes de societat varen anomenar un metro-sexual. No és que sigui una persona que es dediqui a xerrar de sexe al metro, com deia el seu amic Vicenç, sinó, una d'aquestes persones que se les dóna de guapo i que li preocupa, més que cap altra cosa al món, la seva imatge personal i el que es posarà al matí abans de sortir de casa, i que a sobre, li encanta ficar-se dins un gimnàs per aixecar tota mena de peses i fer milions d'abdominals. Però, pel que conta en Germán, pareix que ell, al gimnàs, hi va més per lligar i lluir el darrer modelet que s'ha comprat a la boutique, que per realment fer exercici o posar-se en forma. El seu company, tot i ser, segons les al·lotes de l'empresa, bastant atractiu i lluir una bona musculatura, és més bé un home tirant a baixet a qui li claregen un poc les idees. És a dir, que comença a tenir una alopècia significativa.

Com a bon comercial i metro-sexual, en Germán és una persona que cuida molt la seva imatge. Per tant, vesteix sempre de forma impecable, amb roba elegant i de molt bona marca. Concretament, els vestits que du per treballar li cauen clavats, com si els hi haguessin fet a mida. Sempre, procura dur el nus de la corbata perfectament col·locat, i les sabates, lluentes de cap a cap de dia. També, es nota que s'afaita cada dematí abans d'anar a la feina. A vegades, fins i tot abans d'acabar-se de despertar del tot, ja que qualque pic ha vengut amb qualque petit tall al coll. L'únic defecte que se li pot retreure a tota aquesta cura que té per la seva imatge personal és l'excés de colònia que es posa i el poc gust que té alhora de triar-la. A en Miquel, tot i que per ara ho du bastant bé, se li està fent un poc difícil haver de compartir un recinte petit i tancat, com és un despatx, amb una persona que li agrada tant abusar del pot de la colònia.

El tracte amb en Germán és molt agradable, ja que es tracta d'un jove molt simpàtic, que quan xerra, sempre ho fa amb un to suau i un ritme molt pausat. Mai se l'ha vist nerviós, preocupat o estressat per res. Tot i ser argentí, l'accent quasi no se li nota. Es coneix que ha viatjat molt i que ha viscut molts d'anys fora del seu país. És molt diferent a tots aquests argentins que, amb la seva pinta de *hippies* post-moderns, es passegen pels mercats ambulants venent bijuteria i altres quincalles amb un mate a la mà.

Les tasques que normalment realitzen en Miquel i en Germán estan molt diferenciades unes de les altres i, tot i estar relacionades, són bastant independents. En Germán s'encarrega més de la captació de nous clients i de l'estudi dels nous productes que surten al mercat. Mentre que en Miquel, s'encarrega més del tracte amb el clients fixos, i sobre tot, de l'estudi de les seves necessitats reals. No obstant, l'altre dia el gerent els va reunir al seu despatx per encomanar-los una tasca conjunta. Ambdós, hauran de redactar una proposta explicant com es poden millorar cada un dels processos relacionats amb la gestió dels clients. Es tracta de donar un punt de qualitat que diferenciï, un poc més, a la seva empresa dels seus principals competidors.

-Escoltau-me bé! No volem, ni vendre fum, ni tampoc cap moto que no necessiti el client. Vendre fum és fer el camí per perdre un client. Simplement, el que volem és conèixer tan bé al nostre client que hem de poder oferir-li, en cada moment, el producte que millor s'adapti a ell i a les seves necessitats. -Va dir-los el gerent al finalitzar la reunió.

Una vegada ells dos hagueren sortit del despatx del gerent, es varen dirigir a la màquina del cafè per veure com abordarien aquesta nova comanda. Tots dos són molt conscients de la importància que té aquesta proposta que han de realitzar. Si fan una bona feina tendran, acabats d'aterrar a l'empresa, molts de punts guanyats davant el gerent. A més, el gerent els va deixar caure que, si ell quedava content de la feina duita a terme, per ventura, hi hauria gratificacions.

-Gratificacions! -Va pensar en Miquel recordant les paraules del gerent.

Feia tant de temps que en Miquel no havia sentit xerrar d'elles que es pensava que s'haurien extingit com els dinosaures. De l'anterior empresa, sí que recordava haver rebut l'encàrrec de fer més d'una feina extra. Al principi, les hi encolomaven a ell dient-li que era perquè era la persona idònia per realitzar aquella tasca, i al final, ja es trobava directament la feina damunt la seva taula, simplement perquè ja s'havia convertit en la costum. Però, gratificació, el que es diu una gratificació, no en recordava cap ni una. A més, a l'altra empresa mai li varen donar la responsabilitat de redactar un informe on la seva opinió fos vinculant. Més bé, pel seu antic cap, en Miquel a l'hora de donar una opinió, era poca cosa més que el darrer mot del Credo.

A la sala de descans de l'empresa, una petita estància comuna que també és emprada d'improvisada cuina-menjador per la gent que no sol sortir de l'oficina a menjar a fora, i acompanyats del succedani de cafè que escup la màquina, els dos companys varen mantenir una petita, però fructífera, conversació sobre com durien a terme la nova tasca encomanada. A en Miquel li va semblar que ells dos poden formar un bon equip. En Germán pareix una persona molt talentosa i plena de bones idees. Ràpidament, varen acordar que començarien repassant el catàleg de processos relacionats amb els clients per, primer de tot, identificar els que són susceptibles de ser millorats. Una vegada identificats, intentarien redactar una col·lecció de possibles mesures per millorar-los. Indicant, per a cada una, la complexitat de la seva implantació. Precisament, ara estan en la fase de redacció d'aquestes mesures. Vet aquí, el motiu pel qual en Miquel ha entrat al tren amb el cap com una olla de caragols amb tanta idea innovadora que comentar-li al seu company.

El tren, amb el seu desagradable xisclar de frens, s'atura a l'estació de Marratxí, i allà, hi entra aquella dona tan grassa que sembla un d'aquells castells inflables on hi boten els nins petits a les festes d'aniversari, i que l'altre dia, li va mastegar, d'una culada, tots els documents de la carpeta. En Miquel, amb tota la barra del món i fent de poca-vergonya com no ho havia fet mai abans, agafa la carpeta de documents i la col·loca al seient lliure que hi ha al seu costat. Després, sense deixar de mirar als ulls d'aquell vaixell mercant, comença a fer-li carícies a la carpeta com si fos un moixet petit.

-No passis pena carpeteta meva. Avui, en Miquelet et protegirà, i així, aquesta dona tan dolentota no et podrà fer mal. -Diu en Miquel fent-li befa a la pobra dona.

La dona, al sentir les collonades que acaba d'amollar en Miquel, el travessa amb una mirada carregada, a parts iguals, de ràbia i d'oi. Li vol fer veure que ha entès perfectament la indirecta, i que per tant, se sent molt ofesa. Després, amb el seu caminar lent i feixuc, passa de llarg i s'asseu al pròxim seient lliure que troba. Això sí, sense deixar de mirar-lo amb aquella cara d'indignació fins que, passada una bona estona, li ha hagut espassada la ràbia. Per més *inri*, quan aquella dona ja es trobava un poc més tranquil·la i ja estava ben asseguda a l'altre seient, en Miquel, amb tota la seva mala bava i demostrant una total indiferència enfront a la mirada que

46

li havia llançat la dona poc abans, agafa la carpeta de documents i torna a posar-se-la damunt les cames, tornant així, a deixar lliure el seient de la discòrdia.

-Ho veus carpeteta? Ja ha passat el perill. -Afegeix l'animal d'en Miquel.

En Miquel acaba de fer una dolentia molt grossa. Però, tot i que ell abans mai s'havia comportat d'una manera tan patètica, ara mateix no sent cap mena de remordiment pel que acaba de fer fa uns instants. Al contrari, se sent satisfet perquè la jugada li ha sortit bé. No li feia cap gràcia tenir un altre pic a aquell mastodont assegut al seu costat i, simplement, ho ha evitat.

Pocs segons després i, aprofitant-se sense saber-ho de la situació, un vell tot vestit de gris se seu al seient que ha quedat lliure devora en Miquel. Aquest homonet, al contrari que aquella primera pobra dona, està magre i prim com una anguila amb anorèxia. És un home d'aquests que la vida, o millor dit, la mala vida, els ha castigat un poc massa. La seva cara, tota arrugada i plena de taques, és hermosa com un cuc d'aglà. Ni l'extraordinari Xesc Forteza fent carusses devia ser tan lleig com ho és l'homonet aquest. Els excessos amb el vici del tabac, vici adquirit segurament fa molts d'anys, li han regalat una tossina d'aquestes que pareix que s'ha de treure la fel. Els pocs cabells que es veuen davall del capell que du enroscat al cap són ben blancs, a l'igual que ho serien els pels dels mostatxos, si no fos, perquè són grocs degut al fum del tabac. Però, el pitjor de tot, és que cada vegada que es mou per col·locar-se o per emetre aquella irritant tossina, compareix a l'aire una fastigosa i penetrant pudor. Una pudor agre i rància. Una pudor com de floridura o de suor d'un parell de dies. Es coneix que, o bé ell, o bé la seva roba, deu fer més de dos dies que no es renten. Més ben dit, segurament cap dels dos deu tenir gaire amistat amb l'aigua i el sabó.

-Ja ho deia el meu padrí: val més dolent conegut, que bo per conèixer. -Diu en Miquel en veu baixa i penedint-se de no haver consentit que aquella pobra dona se segués al seu costat. -Almenys, el mastodont deu rentar-se amb més regularitat.

A en Miquel, no li atreu gens ni mica la idea de tenir, tot el que resta de trajecte, aquella oloreta per companyia. Per tant, comença a inspeccionar el vagó per veure si queda cap altre lloc lliure on poder anar. Però, no n'hi ha cap. No ha tengut sort. Ara, tots estan ocupats. Si no baixa abans el vell, haurà de seguir ensumant aquell desagradable perfum fins que el tren arribi a l'estació de la plaça d'en Joanot Colom. A sobre, per si no bastava amb el càstig olfactiu que sofria el seu nas, el vellet, que amb el moviment del tren s'està quedant adormit com un nin petit, comença a acomodar-se fins acabar amb el cap damunt l'espatlla del desafortunat Miquel.

-¡Perdón joven! Creo que me estaba quedando dormido. -Es disculpa el vellet quan s'adona de la situació.

En Miquel, posa cara de comprensió per dissimular, i torna a mirar, aquest pic intentant fixant-s'hi un poc millor, a veure amem si trobaria aquell lloc lliure que li permetés fugir del radi d'acció d'aquella mofeta. Però, l'únic que veu és a una nina petita, d'uns sis o set anys, dormint devora sa mare. La nina està allargada, de tal manera que, enlloc d'un únic seient, n'ocupa dos. La mare, acotada devora ella amb llàgrimes als ulls, l'observa com dorm plàcidament. Al mateix temps, no deixa de passar-li suaument la mà pels cabells, aturant-se de tant en tant al front per comprovar si encara té febre. És autèntic amor de mare. Amor de mare d'aquest que ningú pot arribar a entendre del tot fins que no se és pare.

-Ja podria, aquella mare plora-miques, despertar a aquella menuda desconsiderada i ensenyar-li a seure com les persones. -Pensa en Miquel que, amb aquella pudoreta, s'està irritant per moments. -Així almenys, hi podria seure una altra persona a aquell seient, i de passada, no l'embrutaria amb les soles de les sabates.

Així com l'hipòcrita d'en Miquel s'està enfadant de cada vegada més per una situació ridícula que, en part, ha provocat ell, el vellet, que s'ha tornat a quedar adormit i ha tornat a posar el cap damunt l'espatlla d'en Miquel, amolla de sobte una bufa tan pudenta com una soll de porcs amb diarrea. Una llorina d'aquestes que, com deia el padrí d'en Miquel, es tornen a l'amo.

-Merda! Aquest porc fastigós s'ha amollat un pet! -Exclama en Miquel tot encès. -Això no hi ha qui ho aguanti!

En Miquel s'aixeca sense tenir cap contemplació amb el vell que estava reclinat damunt ell, i sense importa-li ni el més mínim que tot el vagó l'estigui mirant, es dirigeix fet una fúria cap a la mare de la nineta adormida.

-Perquè no li diu a la seva filla que se segui com una persona? Així l'altra gent també podria seure! -Li crida en Miquel tot emprenyat, sense importar-li si està fent, o no, el ridícul i traient les coses un poc de botador.

49

La pobra mare, tota afligida, vol demanar-li disculpes a aquell jove que l'acaba d'envestir i provar d'explicar-li que la seva filla està molt malalteta. Però, en Miquel ja no hi és, ja és a l'altra punta del vagó i ja no escolta a ningú. Dret i indignat espera que el tren arribi, d'una punyetera vegada, a Ciutat.

6

La nina malalta

En Pep entra al darrer vagó del tren d'Inca tot neguitós i alhora intrigat, i sobre tot, frisant de poder-se seure al primer lloc lliure que trobi, cercar una postureta còmoda i pegar una petita becadeta abans d'arribar a Ciutat.

Avui, com du passant darrerament, en Pep s'ha aixecat del llit fora cap ganes d'anar a l'oficina a treballar. Allà, fa un parell de dies que ja no s'hi troba a gust. Es mostra apàtic en vers a la seva feina, i sobre tot, evita xerrar amb ningú si no és estrictament necessari. Sense adornar-se, molts de pics deixa que el telèfon acabi de sonar sense agafar-lo, i sovint, se n'afluixa de tornar les telefonades als clients. Pensa que si era important ja tornaran a cridar. Amb els seus companys de feina, bàsicament ja sols es comunica amb ells per correu electrònic i els evita a l'hora del cafè. Fins i tot, precisament per aquest motiu, i no perquè l'entrepà o el cafè siguin més bons, ha començat a anar a berenar a un bar on sap segur que no hi va mai ningú de l'oficina.

A en Pep no li està agradant gens ni mica aquest ambient tan tens que s'està creant a la sucursal. Des que va comentar als seus companys el lamentable incident amb la guàrdia civil, hi ha un mal rotllo impressionant al seu voltant. En Pep estava acostumat a no dur-se gaire bé amb els seus companys, però aquest pic, és diferent. Molt diferent. Aquesta vegada pareix que ha agafat la vaca pels collons i que tot li surt tort. Els seus companys el fan sentir incòmode, com si constantment l'estiguessin qüestionant. Fins i tot, quan està amb en Guillemet nota que el tracte és diferent. Això li fa pensar que per ventura tot estirar són imaginacions seves, ja que sap ben cert que en Guillemet no és com la resta dels seus companys. Ell seria incapaç de menysprear-lo com fan aquella guarda de borinots. Per ventura, sí que ho són imaginacions seves. Però, el nu que té a la gargamella quan ha de xerrar amb qualcú i el mal de panxa que té cada vegada que posa un peu dins la sucursal, són ben reals i no fruit de la seva imaginació. Independentment que els culpables d'aquest mal rotllo siguin els caps de faves dels seus companys o la seva malpensada imaginació, el que desitja ara mateix en Pep, és fugir d'aquella maleïda sucursal el més aviat millor i no tornar a fer-hi feina pus mai més.

Realment, si ho pensa bé, hi ha moltes probabilitats que aquesta situació tan incòmoda hagi estat provocada pel tros de banc de don Toni, el director de la sucursal. En Pep està segur que, a aquell vell mig bollat i senil, no li va fer cap gràcia que el subdirector de la seva pròpia sucursal li contàs que li havien retirat el carnet precisament per conduir ebri. Per dir-ho d'una altra manera, i tenint en compte la mena de malparit que pot arribar a ser don Toni, en Pep té la sensació que a la sucursal comença a fer pudor de ca mort, i aquest pic, el ca mort és, sense cap dubte, ell. Veu clarament com a don Toni, des d'aquell fatídic dia, ja no li entra res del que ell fa per l'ull dret. Quan precisament, fa un temps tot això era tot just a l'inrevés. Abans, en Pep podia tranquil·lament haver-li pixat al damunt a don Toni, que a sobre, aquell homonet li hagués rigut la gràcia. Així és que, abans que aquell vell malsofrit comenci a moure fils per defenestrar-lo, ha decidit fer ell la primera passa i sol·licitar el trasllat a una altra oficina.

Fa uns dies, en Pep, una vegada va tenir decidida quina seria la via d'escapatòria d'aquell infern d'oficina, es va posar en contacte amb un amic seu de la central i li va demanar que tiràs endavant amb la sol·licitud de trasllat. Des de la central li varen insinuar que hi havia moltes possibilitats de poder anar a una sucursal que es troba encara més aprop de la plaça d'en Joanot Colom. Precisament, a la plaça d'en Joanot Colom és a on hi ha la darrera estació del tren i a on ell davalla cada dia. No recorda bé si, des de la central, li varen explicar que la vacant era perquè n'hi havia un que es jubilava, o perquè, n'hi havia un altre amb les mateixes ganes que ell de canviar d'aires. El que sí recorda, és que li varen dir que segurament avui dematí li donarien la resposta. Per aquest i no per cap altre motiu, és que avui en Pep està tan neguitós. Només arribar a l'oficina, té previst encendre tot d'una l'ordinador i mirar, al correu, si ja li han donat qualque resposta.

Avui, en Pep està mort de son i tan cansat que no s'aguanta dret. Ahir vespre, com quasi cada vespre, i ja s'està tornant una mala costum, va tornar a sortir a fer dues copes amb el seu amic Vicenç. Però, aquest pic, a diferència d'altres vespres, sí que sols varen ser dues copes. Així és que, la son d'avui, no és perquè s'hagi aixecat del llit amb la terrible ressaca d'alcohol d'altres matins. El que realment passa, és que, amb la intriga de sabre si li hauran concedit o no la vacant, ha passat tota la nit en blanc i no ha pogut dormir ni vint minuts seguits, i ara mateix, té tanta son que ni tan sols hi veu. La impaciència per sabre si li hauran concedit el trasllat, i no una altra cosa, és el que no l'ha deixat aclucar l'ull en tot el vespre.

Ahir vespre, quan en Pep i en Vicenç arribaren a Ciutat varen veure que l'antre del seu amic, on solen aturar-se cada vespre per fer les primeres copes, estava tancat. Ben tancat i sense haver-hi cap indicació del possible motiu. Vist això, en Vicenç va proposar d'anar a un altre local que ell coneixia. És un bar on solen reunir-se, almenys un pic al mes, els seus companys de feina per fer unes canyetes. En Pep, que tant li era engatar-se a un lloc com a un altre, li va contestar que per ell perfecte. Allà, en Vicenç li va presentar alguns dels seus companys. Ahir justament eren poquets, es veu que no havia pogut venir tothom. Es varen seure tots junts a la mateixa taula i, ells dos, varen demanar els primers J&Bs amb cola.

Quan encara no duien ni deu minuts asseguts a la taula, en Pep va veure com, per la porta del local, entrava na Marta, l'atractiva germana d'en Guillemet, acompanyada d'una amiga. Per cert, més lletja que un pecat. Al principi, na Marta, que clarament es veia que l'havia vist només entrar, dissimulava i es feia la interessant. Però, aviat, les seves mirades es varen creuar i en Pep, sense dubtar-ho, es va aixecar per anar a saludar-la.

-Com va Marta? -Va dir-li en Pep sense poder, ni voler, dissimular l'alegria de tornar-la a veure.

-Molt bé! I tu? -Va contestar na Marta amb un somriure. Es notava que estava contenta pel fet que en Pep hagués anat tot d'una a saludar-la.

-Beníssim i millorant! Sobre tot, ara que t'he vist a tu. -Va fer somriure a na Marta. -Com tu per aquí? Sols venir-hi sovint a aquest bar?

-És que avui és el meu dia lliure. I sí, solem venir-hi sovint. Encara que no ho sembli, és un lloc molt agradable i tranquil. Dels pocs que pots trobar per aquí. Oh perdona! -Va exclamar na Marta al veure que la seva amiga havia quedat un poc al marge. -Et present a na Teresa. Pep, Teresa. Teresa, Pep. -Es varen acostar per donar-se dues besades quan, de sobte, varen ser interromputs per en Vicenç.

-Hola! Com va guapes? Jo som en Vicenç. El millor amic d'en Pepet. A que sí Pepet? Perquè no veniu a seure allà amb nosaltres i us convidam a fer uns beures? -Va amollar en Vicenç tot d'una seguida i fora fer cap pausa per no corre el perill de ser interromput.

De seguida, en Pep va entendre el perquè d'aquesta sobtada interrupció d'en Vicenç. L'amiga de na Marta, igual que si fos na Pipi Langstrum, té els cabells roigs i la cara plena de pigues, i en Vicenç, ja de ben jovenet, sempre ha tengut una estranya debilitat per les dones amb aquest color de cabells. Tot s'ha de dir que, tot i ser ben lletja la pobra, i a més a més, lluir un nas de trinxet que més que un nas sembla el bec d'un lloro, l'amiga de na Marta té un cos que tira d'esquena. Això sí, es nota que se l'ha retocat un poc passant pel quiròfan, que ara, està molt de moda fer-se un poc de *tunning* als pits per augmentar la talla del sostenidor. Ara que això sí, la cara és d'aquelles que a en Pep li fan pensar amb les paraules d'en Groucho Marx quan va dir:

-«Mai oblit una cara. Però, en el seu cas, faré una excepció.»

Tampoc, no és que en Vicenç sigui cap Adonis de la bellesa. Però, el punyeter té aquell misteriós encant que tenen els feis alhora de lligar amb les al·lotes. Xerrant, xerrant i amb quatre floretes ben triades, va tenir, en un tres i no res, a na Teresa tota embadalida. Abans que en Pep s'hagués acabat el primer J&B amb cola, en Vicenç ja havia organitzat, per a tots quatre, un sopar al restaurant d'un conegut seu per a la setmana que ve, quan na Marta tornàs a tenir lliure. En Vicenç, na nas de trinxet amb els cabells roigs, na Marta i ell, a un italià a la vorera de la mar. El pla no pintava gens malament. En Pep, que no volia perdre aquesta nova oportunitat que li oferia el destí, va decidir que li convenia controlar-se un poc amb l'alcohol i no cagar-la amb na Marta abans d'hora.

Tot i ser l'ovella negra del poble, en el fons, en Vicenç no és, tal i com pot semblar en un principi, sols una mala influència per a en Pep, ni tampoc, és l'únic culpable de la mala vida que porta. El fet de sortir quasi cada vespre amb ell pels bars de mala mort de Ciutat amb l'única intenció d'acabar gat, i fins i tot, el fet de caure tan baix com ha arribat a caure, i qualque vespre ha caigut amb el sentit literal de la paraula, l'han ajudat a veure que li convendria reflexionar sobre el rumb lamentable que ha agafat la seva trista vida. A en Pep, fins ara li havia sabut greu reconèixer-ho, però, aquest rumb a la deriva no va començar precisament el dia que va tenir aquell lamentable incident amb la guàrdia civil, incident que el va deixar sense cotxe i vivint una situació totalment surrealista a la feina, sinó que va començar molt abans. La seva vida s'havia convertit en una bacanal alcohòlica molt abans i per motius molt més profunds que una simple sanció de trànsit. Però, pitjor encara, si és sincer amb ell mateix, ha de reconèixer que l'alcoholisme no és l'enfermetat que li està rovegant l'anima, sinó sols un símptoma de la vertadera malaltia. Una malaltia que l'està transformant en una persona totalment insociable i plena d'odi. Una persona que, indiscriminadament, ho odia tot i a tothom. Aquesta malaltia és la soledat.

En Pep està sol. En Pep se sent molt sol. Un sentiment terrible que, sense adonar-se, l'ha duit a refugiar-se darrera una botella de J&B.

Incomprensiblement, en Pep sempre ha volgut dissimular que, en el fons, és una persona tímida i sensible. Això, és degut a que té por que els seus amics, que mai podrien considerar-ho com una virtut, emprin aquestes suposades debilitats per fer-li mal. Per això, sempre ha procurat ocultar aquest aspecte de la seva personalitat darrera d'una màscara d'indiferència i de superficialitat, fent veure que tot li importa un rave i demostrant que està per damunt de qualsevol mena de sentiment. Li agrada fer-se passar per una bala perduda que sols li interessa anar de festa, beure fins a engatar-se i mirar de ficar-se al llit amb totes les nines mones que li passen pel davant. En les seves relacions sentimentals mai ha arribat a mostrar-se sincer amb la seva parella. El motiu principal sempre ha estat la mateixa por a que, al mostrar els seus vertaders sentiments, li poguessin fer mal. Un altre motiu, és la ridícula necessitat d'haver d'interpretar aquesta imatge de cràpula que s'ha inventat. Com a resultat, només ha obtingut relacions insubstancials que sols donaven voltes al voltant d'aquesta mentida. Creia que si es protegia darrera d'aquesta màscara, els seus amics mai es podrien riure d'ell si acabava enamorant-se d'una al·lota. Com si enamorar-se fos una cosa vergonyosa de la qual un se n'ha d'amagar. Per altra banda, aquesta màscara li permetria ocultar, si vengués el cas, la tristor que li provocaria que una al·lota el deixàs a ell. Cosa que ell mai ha permès que passàs. Sempre, ha procurat ser ell el primer que tallava quan la relació començava a no anar bé. Segons com es miri, aquesta màscara ha funcionat a la perfecció, ja que entre el seu cercle d'amics és considerat com un home que té molt d'èxit amb les dones. Una amiga seva diu d'ell que és com una papallona que va de flor en flor. Però, ell es veu més com una titella que ha anat passant d'un fracàs a un altre.

Poc a poc, en Pep ha anat construint un murada impenetrable al seu voltant. Una murada tan alta i sòlida que, sense adonar-se, s'ha convertit en la seva presó. Una presó que no l'ha deixat, i per ventura no el deixarà mai, conèixer el vertader amor. En Pep comença a ser conscient que necessitarà un bon pla de fuga si vol, qualque dia, arribar a ser feliç.

Al seient del tren, l'habilitat d'en Pep per trobar una postura adequada, tancar els ulls i dormir una estona abans que aquest arribi a Ciutat, ha millorat bastant aquests darrers dies. Aquesta petita becadeta al tren ja s'ha tornat una costum, i a més, una costum que de cada vegada li agrada més. Ara, quan als matins sona el maleït despertador, ja no li sap tan de greu com n'hi sabia abans, això és perquè sap que, quan s'assegui al seient del vago del tren, encara podrà dormir aquests minutets extra que el seu cos li demana. El dia que la sort no l'acompanya i no troba cap lloc lliure on poder seure és ben bé com si li pegassin una coça als collons. Està segur que, per molt que ho intentàs, aprendre a fer la becadeta de dret, no arribaria a ser possible.

Darrerament, a diferència del primer dia que va haver d'agafar forçosament el tren, troba que anar a fer feina amb el transport públic té molts d'avantatges. Pot pegar una becadeta als matins, cosa que fer-ho mentre condueix el cotxe pot resultar molt perillós. Pot llegir les seves revistes d'automobilisme al trajecte de tornada, ja no li agafaran més pols a l'estanteria per no tenir temps de llegir-les. I pot fer moltes altres coses més. Per exemple, hi ha altres passatgers que llegeixen un llibre o el diari. També n'hi ha que, amb els auriculars posats a les orelles, escolten música al MP3 o les notícies a la ràdio. També, hi ha nins, i no tan nins, que juguen amb la PS2 o amb el mòbil. Fins i tot, n'ha vist un que diu que escriu un llibre. En Pep espera que el llibre tengui èxit, ja que li ha caigut simpàtic aquest individuo tan estrany. Se sent tan a gust anant amb tren que, per ventura, en recuperar el carnet de conduir encara hi continuarà anant. Mira per on!

Una vegada assegut, amb el cap recolzat al seient, amb els braços plegats sobre la revista d'automobilisme, amb la boca ben tancada i amb els ulls ben aclucats, en Pep espera a que arribi la son per acompanyar-la el que resta de trajecte. Està tan cansat que, tot i que una parella de cotorres no deixa de xerrar i de queixar-se de les seves respectives filles i de les males notes que treuen a l'institut, queda profundament clapat i comença a somniar.

Com altres vegades, en Pep té un somni molt estrany on ell torna a ser un nin petit. Resulta que, al somni, sa mare li comana que vagi a cercar un poc de julivert a ca sa padrina. Quan ell era petit, els seus padrins vivien just a l'altra banda del seu carrer. El problema està en que ell està totalment nuu i li fa vergonya travessar el carrer. Aquest aspecte sol ser bastant recurrent en els seus somnis. A més, al ben mig del carrer hi ha unes veïnadetes seves jugant i cantant.

-Una teringa de tot el carrer, que en mitja hora passa i en mitja hora ve.

Entre totes aquelles nines hi ha na Cati Oliver, una nina que, quan ells eren petits, a en Pep li agradava molt. Quan va tornar més gran ja li agradaven més un altre tipus de dones. També, hi ha les bessones Rosselló, dues nines grasses, lletges com ratapinyades, mal-xerrades, i sobretot, xafarderes. Segurament per això darrer, en Pep mai va poder veure-les ni en pintura. Per la seva part, sa mare no deixa de dir-li que faci via a anar a cercar el julivert per poder fer la picada de l'arròs de peix. Ell no pot entendre com és que sa mare no veu la vergonya que li fa travessar el carrer tot nuu. A més, com que va descalç, amb la grava del terra segur que es farà mal a la planta dels peus. Però, sa mare, en lloc d'entendre-ho, cada vegada insisteix més i és posa més i més nerviosa. Li crida, el barreja i li diu que és un vago que només pensa en jugar i que mai ajuda a casa.

De sobte, els crits d'un energumen el desperten d'aquest estrany i recurrent somni. Encara no ha acabat d'obrir els ulls quan se n'adona que aquest tros d'ase està just al seu davant cridant com un boig. Els crits van dirigits a una pobra dona i a la seva filla que estan al seient del davant. La nina està ajaguda al seient mentre la mare, acotada devora ella, li acaricia els cabells.

-Perquè no li diu a la seva filla que se segui com una persona? Així l'altra gent també podria seure! -Crida l'animal tot encès i acompanyant els seus crits amb qualque perdigó de saliva.

La pobra dona, tota afligida després d'aquesta inesperada repolsa, prova d'explicar-li a l'energumen que la seva filla està malalta i que l'està duent al metge, que el seu cotxe l'ha deixada tirada i ha hagut d'agafar el tren, que el seu home és de viatge i no l'ha poguda acompanyar, i que està desesperada perquè no sap que li passa a la seva nina. Però, l'animal trotador ja no hi és i ja no l'escolta. La dona, impotent davant la situació, es posa a plorar de ràbia i desesperació. En Pep l'observa sense poder evitar sentir llàstima per ella. Veient el panorama, decideix posar-li una mà a sobre i provar de tranquil·litzar-la.

-Tranquil·la senyora. No plori. No passa res. -Li diu amb un to de veu suau i conciliador. -El que passa és que n'hi ha que tenen mal pel cap i no són crosteres. I per favor, no es preocupi. Si qualcú volgués seure, ja m'aixecaria jo.

El tren arriba a Ciutat sense que hagi sorgit la necessitat d'aixecar-se per cedir el seient a cap altre passatger. La dona s'acomiada d'en Pep mostrant-li la seva gratitud per la seva comprensió. Després d'acomiadar-se, en Pep, com si dugués un pebre de cirereta al cul, parteix corrent cap al banc. Vol arribar a la maleïda oficina el més aviat possible. Vol sabre si podrà fugir-ne aviat.

7

Els vells és a ca seva on han de ser

Avui en Miquel puja al tren d'Inca rovegant claus i més cremat que un misto.

En Miquel no sap, si al arribar a la feina, ha de començar a repartir llosques a tort i a dret, o ha d'anar directament al despatx del gerent a contar-li fil per randa tot el que està passant.

Tot això, ve arran de l'informe que el gerent els hi va encomanar a ell i al seu company de despatx. Després de vàries reunions amb en Germán per xerrar de la feina que, en teoria estan realitzant de forma conjunta, ha arribat a la conclusió que el seu estimat company és sols un emblanquinador, un venedor de fum incapaç de fer una «O» amb un tassó. Al principi en Germán, amb la seva imatge de James Bond, elegant i refinada, amb el seu to de veu de psicòleg argentí, i amb el seu vocabulari exageradament tècnic, pareix ser tot un professional en la matèria. Però, si comences a gratar un poc i revises la feina que ha fet, que per cert és ben poca, te n'adones que qui tens al davant, tot i semblar tot un set ciències, resulta ser un zero a l'esquerra i més fals que Judes.

Ahir, en Miquel va arribar tot content a la feina, havia estat tot l'horabaixa passant a net i revisant cada un dels punts que volia comentar amb en Germán. Estava molt satisfet de la feina feta, i trobava que el seu company també hi estaria. Havia identificat i explicat molt clarament cada un dels processos relacionats amb les seves tasques. També, havia elaborat una llista de possibles millores per a qualcuns d'ells. Fins i tot, n'havia realitzada una altra de possibles punts de connexió amb les tasques d'en Germán. L'objectiu era que, tant un com l'altre, aprofitessin millor la feina realitzada pel seu company. Però, quan es va reunir amb l'albercoc d'en Germán, el que es va trobar va ser que l'indiot no havia fet res. O pitjor encara, havia escrit, tot just abans de començar la reunió, quatre retxes mal escrites a un paperot mastegat.

En Miquel, al veure allò, ho va considerar com una falta total de respecte i de companyerisme. Va agafar els seus papers perfectament redactats i els va tirar amb un mal gest damunt la taula. En Germán, intuint el malestar d'en Miquel, els va agafar tot d'una i els hi va pegar una ullada per damunt.

-Estan muy bien Miguel. Has hecho un expléndido trabajo. -Va dir l'annerot tot innocent mentre anava dibuixant un somriure de complaença a la cara. *-Tu trabajo está bárbaro. Sin embargo, yo soy un poco boludo y no sigo ningún proceso concreto. Mi intuición y mi experiencia en la materia me permite ir improvisando*

sobre la marxa. -Va afegir l'inconscient a mode de disculpa. Per ventura, amb aquesta resposta, es pensava estar interpretant el paper d'un policia de pel·lícula americana.

-Llegeix-t'ho bé i ja en tornarem a xerrar! -Va contestar en Miquel mossegant-se la llengua per no amollar-li cap barbaritat de la que hagués de penedir-se.

La resta del dia, en Miquel, mentre anava fent les seves tasques, es va dedicar a observar detingudament el que feia el seu company de despatx. Que per cert, no va tenir ni la decència de tornar-se a llegir els fulls que ell li havia entregat. Ara, l'observava amb uns altres ulls. Ja no el veuria pus mai més com aquell company de feina intel·ligent i amb idees genials. Ara, desitjava no haver de fer cap altra tasca conjuntament amb ell.

La rutina del seu estimat company comença, a primera hora del matí, amb la lectura dels diferents diaris digitals de caire esportiu com poden ser el Marca o el Clarín. Al principi, tot d'una de conèixer-se, en Germán va provar de comentar les notícies que llegia amb en Miquel. Però, al veure que xerrar de futbol amb en Miquel era com xerrar dels Sants Sacraments amb un rus del partit comunista, poc a poc, ho va deixar anar.

Quan en Germán troba que ja està ben informat de les novetats esportives, treu un parell de menuts de la cartera i es dirigeix, encara mig endormiscat, a la màquina del cafè. El punyeter pot arribar a perdre, cada dia, mitja hora bona de rellotge contant batalletes al grupet d'al·lotes de l'oficina que es reuneixen allà per fer el cafè amb ell. Es veu que les molt pomes estan mig embadalides amb els seus encants, sobre tot, la bleda de na Marina. Na Marina és una al·lota molt guapeta de cara, però, un poc entrada en carns, que treballa al departament de compres. Tot i també estar un poquet entrada en anys, li agrada vestir com si encara fos una nina petita. Li encanta el color rosa, es fa petites coes i trunyelles al cap, es posa agulles, llaços i elàstics de tots els colors als cabells, i com no, sempre dur qualque complement de na Hello Kitty. El poca-vergonya d'en Germán, coneixedor del fet que na Marina sent certa debilitat per la seva figura, sempre li diu qualque floreta per fer-la empegueir i aprofita la mínima oportunitat per fer-li tota mena d'encàrrecs. A la pobra, que més d'un horabaixa en Miquel ha vist com es quedava a fer un parell d'hores de més per fer-li qualque favor, la tracta com si l'haguessin anomenada la seva secretària personal.

Una vegada ha fet el cafetet a la màquina, en Germán passa a veure al senyor Roca per sembrar-hi una figuera, o com diu un amic seu, fer un *muñequito* a la tassa. Després, es torna a seure al seu lloc, i quan tot pareix indicar que a la fi es posarà a fer feina, agafa el telèfon de l'escriptori i comença a fer tot un enfiloi de trucades personals. Telefona al seu cosí, que també nom Germán com ell, a la seva germana, que està a Barcelona i no hi ha manera que trobi feina, a un amic seu, que també és un aficionat del Boca i un apassionat del futbol com ell, o sinó, a la darrera al·lota que ha conegut i que ha estat tan incauta com per cometre l'error de donar-li el seu número de telèfon.

Quan a la fi el fener d'en Germán penja el telèfon i es posa a fer feina ja ha perdut mig dematí. Però, tot i així, aviat li fuig l'entusiasme, agafa els tupins i se'n va a fer qualque visita a un possible client nou. Sempre, abans de partir, ha de fer el mateix comentari.

-*Es un cliente cojonudo y ya casi lo tengo en el bote. Además, está a puntito, a puntito de hacernos un pedido bárbaro.*

Aquestes visites comercials són del tot sospitoses, ja que mai l'ha vist deixar cap registre de cap ni una d'elles. A més a més, si les comandes que li fan fossin tan bàrbares com ell diu ens sortirien els doblers per les orelles. Si no ho recorda malament, ja que hi ha molt poca documentació al respecte, des que en Miquel va entrar a fer feina a l'empresa, sols l'ha vist fer un client nou. I per cert, la comanda que va fer era més bé simbòlica.

Veure aquest trist panorama d'irresponsabilitat o d'inutilitat, segons com es miri, no fa més que indignar al pobre Miquel. Ell estava acostumat a fer feina amb companys responsables i competents. Companys que feien pinya tots junts per treure la feina endavant. No se sent gens còmode veient com en Germán, que ha fet de la seva vagaria una forma de vida, li frega pels nassos tota la seva incompetència. I sobre tot, no li agrada veure com contínuament es penja de les esquenes dels altres companys per llavors, fent de barrut i amb una facilitat impressionant, fer-se seus tots els mèrits. En Miquel se'n fa creus de com pot ser possible que el gerent no se n'hagi adonat encara de la mena de personatge que és en Germán. Ja és hora que, d'una punyetera vegada, qualcú el destapi i el fotin al carrer amb una coça al cul.

Així com en Miquel entra al tren, veu que sols queda un lloc lliure al vagó on ell ha pujat. Per tant, si vol llegir, tranquil·lament assegut, el llibre que dur dins la bandolera, haurà de fer-s'ho seu. Posa la directa cap al seu objectiu. Passa pel mig d'una parella d'estudiants que es dediquen a posar a parir al professor de filosofia. Es veu d'una hora lluny com ambdós es miren amb desig, però, cap dels dos és capaç de donar la primera passa. Travessa tot el passadís. Arriba al lloc lliure que havia vist. I una vegada allà, demana al homonot amb pinta d'orangutan malai que té la bossa damunt el seient buit, si el lloc està ocupat. L'orangutan, mentre retira la bossa, li diu que no i el deixa passar per poder seure. Els dos adolescents encara continuen xerrant de bajanades mentre es despullen amb la mirada.

Una vegada està assegut, treu el llibre de la bandolera i, abans de posar-se a llegir, es fixa amb una vella baixeta que, tira tira i ben a poc a poc, ha entrat al mateix vagó que ell, però, per l'altra porta. La vella, que si no té noranta anys ja no n'hi falten molts per arribar-hi, just just pot caminar i empra el carro de fer la compra com a caminador per recolzar-se. En Miquel se la mira amb desaprovació i pensa que estaria molt millor assegudeta a ca seva.

-Pareix mentida que aquell moble vell i ple de corc encara tenguí humor d'anar per mig, i molt manco de pujar a un tren. Què és, què no té res al cap? No veu que amb una sacsejada del tren pot redolar per terra? No estaria molt més bé assegudeta al sofà de ca seva? Quines putes feines deu tenir aquesta pansa arrugada per Ciutat? -Es demana en Miquel mig indignat i pensant amb la seva padrina.

La padrina d'en Miquel era una beata d'aquelles de missa diària, i caparruda com un porc de llet, que amb vuitanta i pico d'anys encara es va encaparrotar en viure tota sola a ca seva. La pobra dona tenia una artritis terrible i s'havia d'ajudar de dos gaiatos per poder caminar. Però, així i tot, son pare i les seves ties varen ser incapaços de convèncer-la per anar a viure a ca el seu fill o a ca una filla, on estaria molt més ben atesa. Un pic, quan en Miquel encara vivia amb els seus pares, la seva padrina va provar d'anar a estar quinze dies a ca seva amb ells. Però, no li va agradar romandre a una altra casa que no fos la seva. Deia que a ca seva tenia moltes feines que fer i que estant amb el fill només perdia el temps. A casa de les seves ties ni hi va arribar a anar. Senyal que a cap de les seves ties tampoc no li va interessar gaire sofrir a la vella.

En Miquel trobava que la seva padrina, a la seva edat i vivint tota sola, era tot un perill públic. Sobre tot, quan encenia el fogó de butà per cuinar, o quan feia foc a la xemeneia i duia el braser de caliu cap a la camilla. Amb un descuit hagués pogut calar foc a tota la casa. La pobra feia un caduf darrera l'altre. Un pic va voler fer-se unes revoles d'espinacs per sopar. Però, com que tenia cataractes i no hi veia molt bé, en lloc d'agafar la bossa de farina, va agafar una bossa de detergent per la rentadora. Tot i trobar que, dins la paella, les revoles havien fet un poc massa de sabonera i que li havien sortit un poc massa salades, se les va menjar. Com era d'esperar, es va passar tot el vespre vomitant. Després d'aquella forma tan peculiar de fer-se un netejat d'estómac i abans que en fes una de més grossa, varen decidir que, a partir d'ara, o bé les seves ties o bé sa mare li durien el menjar fet.

Un vespre la seva padrina es va aixecar per buidar l'orinal, amb la mala sort, que va patinar i va redolar escales a baix. L'endemà, les seves ties la varen trobar encara ajaguda a terra, plena de pixum, enredada de fred, i amb el braç dret i els malucs romputs. La varen haver d'ingressar a l'hospital amb un principi de pneumònia i amb un mal espantós per tot el cos. La pobra dona ja no va tornar sortir de l'hospital, ni tampoc, va tornar a somriure pus mai més. Tenia la mirada perduda i plena de tristor. De tant en tant i sense dir res, li queia qualque llàgrima. Llàgrima que, sense ser eixugada, irremeiablement acabava regalimant per aquella llastimosa cara, blanca com el referit i freda com la neu. Es va passar els seus darrers dies de vida patint mal al llit d'un hospital. Això no és forma d'acabar per ningú, i molt manco, per a una persona tan plena d'energia com havia estat ella. A una persona tan vella no se li hauria d'haver consentit estar tota sola a ca seva.

En Miquel es queda observant com aquell Matusalem travessa, amb el seu ritme lent i pausat, el passadís del vagó. Sembla que amb la mínima sacsejada del tren ha de caure redona a terra. La vella té sort i a l'altra banda del passadís un jove s'aixeca i la deixa seure.

-Almenys no fotrà de morros per terra. -Pensa en Miquel, sense recordar que precisament ell havia corregut per prendre-li l'únic lloc que quedava lliure. -Ara que per ventura així, aprendria a no fer pus comèdia pel mig.

Intentant llevar-se del cap els tristos records de la mort de la seva padrina, i sense voler pensar més amb l'escarabat merder del seu company, en Miquel, agafa el llibre i es posa a llegir tot esperant que el tren arribi a la plaça d'en Joanot Colom.

8

Ningú cedeix el lloc a les persones majors

Avui, en Pep puja al tren més content que un gínjol.

L'estat d'ànim d'en Pep no és que, aquests darrers dies, estigués precisament per tirar coets. A la sucursal, havia estat vivint un infern i ja estava fins als collons d'haver d'aguantar metxa un dia darrera l'altre. Però, a la fi, l'altre dia, des de la central li varen comunicar que havien acceptat la seva sol·licitud de trasllat a l'oficina de la Porta Pintada, al carrer de Sant Miquel. La notícia el va posar més content que si li hagués tocat la grossa. La certesa que sols hauria de fer feina uns dies més a la maleïda oficina de don Toni, va ser del tot balsàmica pel seu estat d'ànim, i també, per l'estat d'ànim general de la resta del personal de la sucursal. Es pot assegurar, sense por a equivocar-se, que es va posar tan content en Pep per poder fugir d'aquell niu d'escorpins, com els seus companys per poder desfer-se de l'ovella negra. A excepció clar del pobre Guillemet, que segurament serà qui heretarà el títol d'ovella negra de l'oficina, i que segur, enyorarà tenir al devora a l'única persona amb dos dits de seny amb qui podia tenir les úniques quatre o cinc paraules que deia en tot el dia.

En Pep, una vegada va haver recuperat l'alegria i l'entusiasme que sempre l'havien caracteritzat, va tornar agafar la feina amb moltíssimes ganes, i encara que només fos per satisfer el seu orgull propi, es va proposar deixar-ho tot ben tancat abans que arribes el meravellós dia «D». Que no li pogués retreure mai ningú que havia deixat una feina a mitges. L'alegria que sent en Pep en aquests moments és perquè, precisament avui, és quan arriba aquest meravellós i desitjat dia «D». Aquest renascut entusiasme li va proporcionar, ben aviat, els seus primers fruits, no sols va acabar les seves tasques amb bastant antelació, sinó que també, varis dels seus clients, assabentats del seu imminent trasllat, li van comunicar que segurament passarien tots els seus comptes a la seva nova oficina. En Pep està orgullós de sabre que hi ha gent que confia amb ell i que està satisfeta per la seva labor, com ho demostra el fet d'emportar-se alguns clients a l'altra sucursal.

Com que l'ambient a l'oficina ha millorat molt aquests darrers dies, i fins i tot, es podria arribar a dir que hi ha una espècie de bon rotllo, en Pep va decidir cometre un acte d'hipocresia i va comanar, al forn d'Es Teatre, just davant del Grand Hotel, una coca de verdures, una altra de pebres torrats, una ensaïmada de cabell d'àngel i dues botelles de vi. D'aquesta manera, volia celebrar, amb els seus ja antics companys, el seu imminent trasllat. En Pep és de l'opinió que sempre és bo acabar bé les coses. En el fons, no hi ha cap motiu tan important com per anar-se'n barallat amb cap dels seus companys. A més, no és que ho desitgi, però, qui sap si en un futur i en un altre lloc, no tornarà a coincidir amb qualcun d'ells. Tampoc, no li han fet res tan greu com per acabar odiant-los tota la vida. El fet d'odiar pareix molt simple i gratuït, però, a la llarga, sempre s'acaba pagant, i el seu preu no sol ser mai barato. Una de les conclusions a les que ha arribat en Pep aquests darrers dies és que, si ets una persona carregada d'odi no arribaràs mai a ser una persona feliç.

Així és que, en arribar a la sucursal, el primer que farà en Pep serà anar directament al despatx de don Toni. Serà el darrer pic que es donen els bons dies. Segur que aquell punyetero vell dematiner, a diferència de la resta del personal de l'oficina, ja farà estona que hi ha arribat quan ell hi entri. En Pep té varies coses que dir-li a la que serà, per ventura, la darrera vegada que entra al cau de la bèstia. La seva intenció és recordar-li que avui és, per fi, el seu darrer dia. Com si don Toni no ho tengués ben clar i no ho desitgés tant o més que ell. Segur que fins i tot deu tenir una senya feta al calendari. També, el vol informar que ha enllestit totes les feines que tenia pendents i que està a la seva disposició pel que necessiti. Quasi segur que, don Toni, amb el seu típic somriure de satisfacció, li dirà que no esperava menys d'ell i segurament li comanarà qualque collonada. Per quedar bé i poca cosa més, vol agrair-li, entre cometes, tot el que ha aprés d'ell. Encara no té molt clar com li dirà ni quines paraules emprarà. No vol resultar pedant ni tampoc vol satisfer, en excés, l'ego de don Toni. Ara que, segur que el vell, amb l'orgullós que és, s'ho empassa amb molt de gust i li contesta alguna cosa així com que en Pep ha estat un bon alumne i que també ha aprés moltes coses d'ell. Per acabar, vol fer-li sabre que ha comanat coques i ensaïmades per a tothom, per poder així, acomiadar-se com cal. En Pep espera que don Toni li digui que, com s'ha fet altres vegades, pot emprar la sala del material per col·locar el menjar. La sala del material és una habitació gran, totalment desaprofitada, que no se sol emprar per res i que té una taula grossa al mig. Don Toni, que tot li va bé excepte fer feina, s'oferirà per ajudar-lo a tallar els bocins de coca o per obrir les botelles de vi. Segurament, en aquell moment, també caurà qualque cometari sobre l'anyada o l'origen del vi que hagi comprat en Pep. Tot s'ha de dir que don Toni, sense ser un gran entès en vins, hi entén bastant, i sobre tot, té molt de bon gust quan n'ha de triar un per beure ell.

El seu imminent trasllat a l'oficina de la Porta Pintada no és l'únic motiu que el fa estar més content que un pasco. Avui vespre ha quedat amb na Marta, en Vicenç, i l'amiga de na Marta, aquella amb el nas de ganxo, per anar a sopar tots quatre junts. Després de tant de temps anant darrera na Marta, ja li feia ganes poder quedar amb ella. En Pep troba que na Marta és una al·lota molt guapa i, tot i ser un poc massa presumida i un poc pometa, li agrada molt. No obstant, també troba que, entre una cosa i l'altra, li ha duit massa feina arribar a aquesta primera cita. Després de tant de temps, ja havia començat a perdre l'interès per ella. Però, a veure si avui vespre surten les coses un poc bé, fa una bona feina i posa a na Marta a punt de caramel·lo per apuntar-se un tant. El cràpula d'en Pep no pot evitar pensar que ja comença a ser hora de penjar aquest trofeu amb la resta de la seva col·lecció.

En Vicenç, que ja ho té tot ben organitzat, li ha dit a en Pep que el passarà a cercar devers les nou del vespre, i que per anar bé, hauria de tenir preparada la botella de J&B i un parell glaçons de gel per poder fer un combinat abans de passar a recollir les al·lotes. Està clar que tant l'un com l'altre necessiten la companyia de l'alcohol per poder divertir-se. A en Pep li fa molt de pal i li resulta molt estrany, en un dia com avui, haver d'anar de paquet dins el cotxe d'en Vicenç i no poder dur el seu. Li agradaria més anar a cercar a na Marta amb el seu Audi. No té ni punt de comparació anar a cercar a les al·lotes amb el seu cotxe o amb el Peugeot, ple de cops i retxades, de l'ase d'en Vicenç. En Pep està meditant seriosament, o millor dit inconscientment, si jugar-se-la i agafar ell el seu cotxe aquest vespre.

Mentre en Pep està elucubrant sobre com anirà a cercar a na Marta i de com s'ho muntarà per conquistar-la, veu com entra al vagó aquell energumen que l'altre dia li va armar un Cristo a aquella pobra dona amb la filla malalteta. L'observa com, igual que si fos un guàrdia civil amb males puces, cerca un lloc per seure. El cap de fava pareix que quan entra al tren, més que cercar un lloc per poder seure, el que cerca és a qualcú a qui molestar amb l'excusa de poder seure.

-Mira-te'l al torracollons! Ja veuràs com li dirà a aquell esburbat amb grenyes que retiri la bossa de damunt el seient per poder seure ell. -Pensa en Pep mentre se'l mira esperant a que passi per devora aquell seient per veure amem que farà. -Exacte! Què t'havia dit? És que si no fa retirar qualque cosa a qualcú, encara que només siguin les cames, no està content. -Diu en Pep al veure que no s'ha equivocat gens ni mica. -I el que més em fot, és que encara ho demana posant cara de fàstic. Com si el molt bàmbol es pensàs estar per damunt de la resta dels mortals.

En Pep, decideix que és millor que deixi d'observar al toca collons aquell, i no fer-se així, més mala sang. Mirant cap a l'altra banda del vagó veu que, a la mateixa estació, també ha entrat una velleta la mar de graciosa que, darrera el seu carretó de fer la compra, i ben a poc a poc, avança cap a ell. En Pep veient que avui en dia, i especialment a aquest vagó, el respecte cap a les persones majors brilla per la seva absència, decideix aixecar-se i ajudar-la a seure al seu seient.

-Per favor senyora, segui aquí. -Li diu en Pep mentre s'aixeca per deixar-la seure a ella.

-No es preocupi jove. Puc estar dreta. Encara que paresqui molt vella, no ho som. Ahir precisament, vaig fer els divuit anyets. Això sí, per quarta vegada. -Puntualitza la velleta amb un somriure d'orella a orella i demostrant que, encara que sigui més vella que les pedres de la Seu, no ha perdut el sentit de l'humor. -No veu quin cutis més fi que tenc? -Afegeix la vella tocant-se unes galtes que pareixen fetes amb un motllo de fer arrugues.

-Ai! Perdoni senyoreta. I molts d'anys per ahir. -Li contesta en Pep tornant-li el somriure i seguint la broma que ha començat la velleta. -Idò senyoreta, vostè que és tan guapa i tan aguda, i que segurament encara deu ser fadrina, què li faria ganes prendre un cafetet amb un jove tan ben plantat com jo. -Continua bromejant en Pep mentre observa els pobres peus de la dona, i com just just, pot aguantar l'equilibri amb les andanades del tren.

La pobra velleta, enlloc de sabates, porta unes espardenyes d'anar a dormir. Segurament, perquè deuen ser les úniques que ha trobat on pot ficar aquells peus seus tan inflats.

-Serà tot un plaer per mi fer un cafè amb vostè. Però, haurà de ser un altre dia, perquè avui he de fer uns encàrrecs i no tenc gaire temps. I si espera que deixí que em convidi, va ben errat. Ja pagaré jo el meu cafè amb llet, que conec molt bé les intencions que tenen els joves com vostè quan conviden a una joveneta indefensa com jo. -La vella torna a mostrar un gran somriure.

-Insistesc! Seria un honor per mi poder-la convidar. I per cert, les meves intencions són del tot sinceres. -Diu en Pep, seguint la broma i ajudant, per fi, a la velleta a seure al seu lloc. -Perquè, mentre el tren no arriba, i ara que ens coneixem un poc més bé, no em fa la gràcia de seure al meu lloc. I si no li importa, puc dur-li el carro a aquell racó perquè no faci nosa a qui vulgui passar pel passadís. No es preocupi per ell que ja el vigilaré jo.

La doneta se seu, deixant caure el cul damunt el seient i donant un petit descans al seus pobres peus. Ambdós queden contents i satisfets. L'un, perquè ha cedit el lloc a una velleta que l'ha fet somriure. I l'altra, perquè després de bromejar amb el jove que li oferia el lloc ha pogut seure-se, i no sols perquè li feia llàstima.

En Pep agafa el carro i, tal i com ell li havia suggerit a la velleta, el col·loca a un racó i s'hi queda a devora per vigilar-lo. Allà dret, es distreu observant a aquella doneta que, en cap moment, ha perdut el somriure. Ara se la veu molt més alleujada. En Pep pensa que és un gust arribar a una edat tan avançada, com la que deu tenir aquell cosset, i conservar encara tot aquest bon humor i totes aquestes ganes de viure, com sembla tenir aquesta doneta. No li pareix cap mala idea anar a fer, un altre dia, un cafetet amb ella. Segur que, el simple fet de fer una xerradeta amb ella, basta per alegrar-li el dia a qualsevol, fins i tot, al toca collons aquell amb cara de lletuga.

Mentre està allà dret, observant a la velleta i als altres passatgers, els ulls d'en Pep es fixen amb una al·lota que, segons troba ell, deu tenir la cara més bonica que ha vist mai. Està allà asseguda, dos seients més enrera d'on seia ell, xerrant amb les seves amigues. Els seus gestos, graciosos i elegants al mateix temps, radien una alegria natural que l'hipnotitza. Té uns cabells arrissats preciosos. Cada un dels seus rinxols és perfecte. A en Pep, sempre li han agradat les al·lotes amb els cabells arrissats, però mai, havia vist una cabellera tan hermosa com la d'aquesta al·lota. En Pep, quasi sense adonar-se, s'ha quedat embadalit mirant-la. No pot llevar-li els ulls de damunt. Ella, ignorant que està sent observada, està rient amb les seves amigues i mirant totes les ocurrències de la velleta. Es coneix que tot el grupet d'amigues ha estat escoltant la seva conversa amb la velleta i ara en deuen estar xerrant. De sobte, ella es gira cap a ell i les seves mirades es creuen. Ell s'acollona i li comencen a tremolar les cames. Ella li somriu. Els batecs del seu cor s'acceleren. No està segur si, abans, ella ha vist com ell l'estava observant, però ara, s'avergonyeix. El somriure d'aquesta al·lota, deu ser el somriure més meravellós que hi ha hagut mai. En Pep pensa que, dins els clotets que li fan les galtetes al

78

somriure, just devora la comissura dels llavis, ell s'hi podria perdre per sempre. En Pep no pot entendre que li està passant, mai havia sentit res semblant. Sembla cursi, però, ara mateix, sent unes pessigolles a l'estómac que no sabria definir. Com si tengués papallones dins la panxa. En definitiva, en Pep ha quedat totalment esglaiat amb la bellesa d'aquesta al·lota.

Mentrestant, la velleta, que encara està de pell, continua fent de les seves i li demana a la dona que té al davant si té un mirall per retocar-se.

-Avui que un jove tan ben plantat m'ha tirat els trastos he d'anar ben guapa. No troba senyora? -Diu la velleta mentre es mira al mirall i es col·loca els quatre renclins que té per cabells.

El tren està a punt d'arribar a Ciutat i el grupet d'amigues encara continua xapant-se de riure amb les sortides de la velleta, i també com no, en Pep encara continua recreant-se la vista mirant a aquella al·lota tan hermosa. Al aturar-se el tren, les quatre amigues s'aixequen de cop i, al passar per devora la doneta, totes elles la saluden. Sembla que totes quatre ja deuen conèixer a la velleta. L'al·lota que té a en Pep mig enamorat és la primera que s'ha aixecat i és la que va al davant del grupet. El seu caminar desprèn una alegria encisadora i pega unes remenades d'anques que desperten els desitjos més animals del pobre Pep.

En Pep, per la seva part, espera que la velleta s'aixequi per tornar-li el carro. Ja no queda ningú més dins el vagó quan ells dos surten per la porta.

-Vol que li dugui el carro fins a la sortida? -Li demana en Pep molt amablement.

-Moltes gràcies jove. Però, és molt millor que el dugui jo. Les rodes d'aquest carretó són les meves cames. Sense ell, no arribaria gaire lluny. -Li respon la vella amb el seu peculiar somriure.

-Però, si no li sap greu, l'acompanyaré fins a la sortida. -Li proposa ell. Tot aquest temps que ha estat ajudant a la velleta, en Pep no ha deixat de mirar, ni per un segon, com aquella al·lota s'allunyava.

-No! No em sap gens de greu. Només faltaria! I per cert, es nom Paula i és una nina molt aguda. -Li amolla la vella amb tota la naturalitat del món i demostrant que, com no, ja s'havia adonat d'on estava mirant en Pep.

En Pep, totalment sorprès amb les paraules de la velleta, es queda amb la boca oberta i sense sabre que contestar. La velleta l'ha tornat a sorprendre. Sembla com si, tot aquest temps, hagués estat llegint-li el pensament. Se sent ridícul i empegueït. Seguramment tal i com es sentiria en Guillemet en una situació similar. Però, així i tot, així com anaven cap a la sortida, i tot i l'empegueïment que li ha fet patir la punyetera velleta, els ulls d'en Pep no han deixat de cercar a l'hermosa Paula.

Ambdós surten de l'estació i al arribar a la plaça d'en Joanot Colom s'acomiaden. Han decidit que un altre dia sí que han de fer aquest cafè que ha quedat pendent. Qui sap, a lo millor la velleta li conta més detalls sobre aquesta nina tan aguda que és nom Paula.

9

La immigració a Mallorca

Avui, en Miquel entra al tren inflat de ràbia, amollant vatues una darrera l'altra i traient foc pels queixals.

A en Miquel li va fer tanta ràbia el que va passar ahir a l'oficina amb el troç de banc d'en Germán que, aquesta nit, no ha pogut dormir ni dues hores seguides. Està rebentat només de donar voltes dins el llit. Encara se'n fa creus de com pot haver-hi gent tan barruda i amb els collons tan grossos com els que té el seu company Germán.

Ahir, en Miquel va arribar a l'oficina amb moltes ganes de destapar al farsant d'en Germán. Estava emprenyat amb ell i es moria de ganes de contar-li al gerent el que tothom veu, però, ningú s'atreveix a dir, que en Germán és un inútil que l'únic que sap fer és penjar-se, igual que si fos una heura, de la feina que fan els altres.

Però, així i tot, per ventura per vergonya o per ventura per por a fer el ridícul, va considerar que no era apropiat, sobre tot amb el poc temps que du a l'oficina, crear un conflicte entre companys. I més encara, tenint en compte que ambdós comparteixen despatx. Si, una vegada l'hagués acusat, no el fotien al carrer immediatament, amb quina cara podria mirar a en Germán a partir de llavors.

El que no es podia imaginar en Miquel era que, aquest penediment de darrera hora, li sortiria ben car. El Judes d'en Germán, aprofitant que en Miquel havia sortit a berenar al bar de la cantonada, va entrar al despatx del gerent i li va entregar l'informe que havia elaborat en Miquel fent veure que l'havia redactat ell. Com era d'esperar, el molt traïdor s'estava fent seus tots els mèrits d'una feina feta, quasi en la seva totalitat, per en Miquel.

En Miquel, ignorant el que havia succeït en la seva absència, va continuar al llarg de tot el dematí amb les seves tasques. Fins i tot, de tant en tant, continuava refinant, encara un poc més, quatre detalls de la seva part de l'informe. No es podia imaginar el que, a les seves esquenes, acabava de fer el seu estimat company. Fins que, quan sols faltaven uns deu minuts per l'hora d'anar a dinar, quan la rata traginera d'en Germán ja feia estona que havia desaparegut del mapa per negociar una de les seves imaginàries comandes bàrbares, quan les butzes d'en Miquel ja havien començat a fer la seva cançoneta avisant a en Miquel que hi havia gana, va entrar el gerent al seu despatx per xerrar amb ell. Es va seure davant ell sense llevar-se l'abrig, això feia indicar que la conversa no seria massa llarga, ja que segurament s'anava a dinar a casa.

-Hola Miquel. Com va tot? Què no hi és en Germán?

-No. Ja fa estona que ha sortit. Crec que tenia una reunió amb un client. Vol que li digui res en veure-lo?

-No. Precisament era amb tots dos amb qui volia xerrar. En Germán m'ha mostrat l'informe sobre les possibles millores en els processos relacionats amb els clients que heu elaborat conjuntament aquests dies. I per cert, m'ha dit que està molt content de fer feina amb tu i que li has estat d'una gran ajuda. Jo també estic molt content que us hageu entès tan bé.

Al sentir aquestes paraules en Miquel es va quedar glaçat. La innocentada del bergant del seu company li va caure com una potada als collons. En un principi, ni va sabre com reaccionar, ni tampoc, va sabre que dir davant aquesta ganivetada per l'esquena que li acabaven de ficar. Simplement es va quedar mirant al gerent amb la boca oberta i sense dir res. Que el cuc llefiscós d'en Germán hagués tengut la santa barra de dir-li al gerent que ell li havia estat de gran ajuda li estava regirant les butzes. Ja no li feien precisament renou de gana. A damunt, el molt cabró havia quedat com un senyor als ulls del gerent. Com podia explicar-li ara al gerent el que realment havia passat. Se sentia més beneit que el cagar de panxa. Havia de reaccionar i ho havia de fer aviat. No podia consentir que aquell miserable se sortís amb la seva.

-El que no entenc és, com és que l'ha entregat avui sense dir-me res. Encara no estava enllestit del tot. No es pot dir que l'informe es trobàs al cent per cent com per mostrar-ho. Hi havia un parell de punts de suma importància que no havien quedat gaire ben explicats, i d'altres, que no els tenia massa clars. -Va contestar en Miquel intentant reconduir la conversa cap a un camp on ell pogués deixar clar el que realment havia succeït i qui realment havia elaborat l'informe.

-Jo tampoc he entès molt bé perquè no heu vengut tots dos junts a entregar l'informe. En Germán m'ha dit que no sabia on eres i que havíeu quedat en veure-vos al meu despatx.

En Miquel volia dir-li al gerent que això era una patranya i que el seu company era més fals que un euro amb la cara d'en Franco. Però, el gerent el va deixar amb la paraula a la boca.

-Bé, ja tendrem l'oportunitat de reunir-nos els tres i m'explicareu detalladament cada un dels punts del vostre informe. Ara me'n vaig cap a cases que avui la meva filla ens ha de preparar una paella per dinar i ja els hi he dit que podien tirar l'arròs. I per un dia que la meva princesa està tan esplèndida no vull fer tard. Si enred un poc més, l'arròs ja estarà massa estovat. Això, si no l'ha cremat ella abans. -Va dir el gerent fent una rialla que mostrava les poques esperances que tenia en la paella de la seva filla.

-Idò, vagi vagi. I bon profit! Jo avui, encara em quedaré un poquet més. Vull acabar dues cosetes que tenc a mitges. -Va respondre en Miquel al veure que aquell no era un bon moment per entretenir al gerent amb els seus problemes.

Es varen acomiadar i en Miquel es va quedar covant un niu ple de ràbia i un altre ple de dubtes. Com s'ho havia fet el desgraciat d'en Germán per agafar l'informe? Si encara no estava del tot llest i hi havia vàries versions impreses, quin informe havia entregat exactament? Si havia agafat la darrera versió que li havia mostrat en Miquel, en quin moment l'havia agafada? I finalment, en quin moment havia anat al despatx del gerent? Ell no s'havia assabentat de res. Fins que no va venir el gerent a xerrar amb ell, va ser feliç dins la seva ignorància. Però sobretot, en Miquel es demanava com és possible que hagués nascut un fill de puta tan gran i amb una barra tan grossa. I com no, també es demanava com punyetes pensava sortir-ne viu d'aquesta el llimac d'en Germán. Abans de fer-li aquesta putada, no veia el molt bàmbol que, en tornar-lo a veure, en Miquel li arrabassaria el cor amb les seves pròpies mans. Ara que, l'existència d'un cor dins la caixa toràcica d'aquell porc, també va ser un dels dubtes que van passar pel cap d'en Miquel.

Com era d'esperar, en Germán ja no va tornar a comparèixer per l'empresa en tot el dia. Millor així, perquè si hagués tornat, en Miquel l'hagués escanyat allà mateix sense donar-li ni la més mínima oportunitat de disculpar-se.

Avui, en Miquel està bastant més tranquil que ahir migdia i, les ganes de matar a en Germán, ja no són les mateixes que les que tenia ahir després de xerrar amb el gerent. Si es deixen reposar les coses, el temps les va posant poc a poc al seu lloc i ens ofereix una perspectiva molt més realista de per on agafar-les. Ara que això sí, sigui com sigui, avui ha de treure el net del que va passar ahir amb l'informe. Per això, en Miquel té ben clar que, el primer que farà avui, serà cantar-li les quaranta a aquell escarabat merder d'en Germán. A més, té ben pensat com pensa fer-ho. Tota una nit fora dormir dóna molt de temps per dissenyar una estratègia. Al arribar a l'empresa, anirà tot d'una al despatx per esperar-lo allà ben assegut. Quan el molt traïdor hi entri, li tancarà la porta al darrera i, amb tota l'amabilitat que pugui, li demanarà que per favor s'assegui. Una vegada assegut, si no li pega abans un esplet de clatellades, li demanarà que, de qualque forma, li doni una explicació per justificar el que va fer ahir a les seves esquenes. Espera que sigui una molt bona explicació, i que no es limiti sols a fer-li un dels seus discursos de psicòleg argentí, perquè sinó, avui en Germán se'n penedirà d'haver-li tocat els collons a en Miquel Pocoví.

En Miquel odia a en Germán. En Miquel, de cada dia, odia més a en Germán. En Miquel l'odia tant que ja l'està odiant a mort.

Al tren, en Miquel s'ha assegut, sense fixar-s'hi massa, al primer lloc que ha trobat lliure. Amb la mala sort, que s'ha anat a seure devora un collons-grossos amb pinta de guitarrista de *heavy metal* i amb uns cabells llargs i bruts com el fosso d'un mecànic, i que a més, és d'aquests que tenen la mala costum de seure amb les cames eixancades, emprant així, part del seient del costat. Com que el pobre Miquel ha de seure totalment incòmode i amb mitja anca defora del seient, prova de demanar-li que li deixi un poc més de lloc.

-Perdona. Què et sabria greu...? -Li insinua en Miquel fent-li una senya perquè ajunti un poc més les cames, i així, cabre-hi els dos un poc millor.

Però, és igual que xerrar amb una paret de pedra en sec. El pollós ni s'immuta. O bé, no l'ha sentit per mos dels cascs i el cerumen que dur a les orelles, o bé, s'ha fet el sord. En Miquel, que avui no té massa ganes de discutir, i que si no va viu, encara agafarà un bon mal d'esquena amb l'estranya postura amb la que ha de seure, mira amem si queda cap altre lloc lliure. Però, com passa sempre, no hi ha sort. L'altra opció que li queda, és anar dret el que resta de trajecte. Tenint en compte el poc que ha dormit aquesta nit, és una opció que tampoc no li fa gaires ganes.

A damunt, el pardalot està jugant a un joc de matar soldadets amb la PSP, i cada cert temps, li pega qualque petita colçada al costat. En Miquel, en una d'aquestes, es gira i es fixa que el gandul du un llibre titulat «*Los Reinos Perdidos de...*» no se sap on.

-Un pardal de la seva edat i que, com deia son pare, ja deu tenir els collons ben peluts, ja no hauria de jugar amb maquinetes i molt manco llegir contes de fades. -Pensa en Miquel mentre se'l mira de dalt a baix. -Com volem tenir gent de profit? Si als vint i pico d'anys els joves encara llegeixen contes infantils i juguen amb maquinetes com si fossin nins petits, estam ben arreglats. Els contes de mags, nans i *trolls* estan molt bé quan ets un nin pucer, igual que les batalletes de soldadets, ja siguin de plom o de *Bytes*, però, quan ja s'han fet els vint anys, un jove hauria de tenir inquietuds un poc més profundes que tot això.

Per afegitó, el guitarrista cabellut està un poc constipat i cada dos per tres fa una o dues xuclades de mocs, qualcuna d'elles tan desagradable, que fa que se li regiri l'estómac a en Miquel. Aquest renou de mocs, sortint i tornant a entrar de dins les fosses nassals d'aquell simi, li està produint a en Miquel un oi terrible. Amb una d'aquestes, el pobre Miquel encara traurà el cafè amb llet amb galletes maries que s'ha pres avui dematí per berenar.

-A veure si amb una d'aquestes s'engorga i s'ofega. -Pensa en Miquel cansat de sentir xuclades i de rebre colçades.

La locomotora comença a disminuir la seva velocitat, mentre per megafonia, la veu d'una al·lota anuncia en català, castellà i un pobre anglès que la pròxima estació és la del Pont d'Inca. El tren arriba a l'estació i, gemegant amb el seu desagradable xisclar de frens, s'atura. S'obrin les portes automàtiques i els passatgers, com cada vegada que el tren s'atura a una estació, realitzen el ritual de baixar i pujar dels respectius vagons. Se sent qualcú que crida:

-Deixin baixar abans de pujar! Punyeta!

Una vegada realitzada l'operació de càrrega i descàrrega de passatgers, quan el tren ja havia començat a partir, després que el xiulet del revisor l'hagués autoritzat a fer-ho, s'aixeca de sobte el colló de les xuclades de moc.

-¡Ostia! ¡Mierda puta! Esta era mi parada. -Blasfema el cap de fava dels cabells greixosos mentre es lleva els cascs d'una estirada i s'aixeca cap a la porta.

-És que s'ha de ser travat. -Pensa en Miquel mentre se'n riu d'ell. També, ja que hi és, aprofita per seure-se com cal ara que té tot el seu seient lliure. -Si no estigués tan capficat amb la seva maquineta de marcianets, per ventura se'n temeria que hi ha més gent que també vol seure, i també, que la seva aturada està a punt d'arribar.

Ara només falta que al molt animal li pegui per estirar el fre d'emergència i aturi el tren.

Per sort, ni ell ni ningú, estira el fre d'emergència.

Al lloc que ha deixat lliure aquell annerot s'hi asseu, quasi de seguida, un home d'edat ja avançada tot vestit de gris. És un home més bé panxarrut i el seu cul deu ser tant o més gros que el de l'annerot d'abans. Però, almenys aquest homonet té la decència d'asseure-se com toca, i tant ell com en Miquel, encara que justet justet, poden seure cada un al seu seient sense haver de tenir mitja anca penjant. Porta un capell al cap, també gris, segurament per amagar la seva calvície, tal i com feia el seu padrí. L'home es posa a observar, a través de les seves ulleres de cul de tassó i de manera bastant inquietant, a en Miquel, com si volgués demanar-li qualque cosa. De tal marera que, en el moment exacte en que en Miquel s'adona que està essent observat i és gira per comprovar-ho, l'home de gris es presenta.

-¡Hola! Mi nombre es Antonio Quintanilla.

-I ara, que punyetes li pega a aquest. -Pensa en Miquel sorprès per la sobtada presentació de l'home de gris.

-Nací en Cañas de la Frontera, província de Cádiz, aunque mis padres eran de Huelva. Pero yo, llevo ya más de treinta años en Mallorca. -Segueix recitant n'Antonio mentre li allarga la mà.

-I a mi que m'importa! -Pensa en Miquel mentre li dóna la mà sense sabre molt bé perquè. -Jo som mallorquí i tota la meva família sempre ha estat mallorquina, i no vaig contant-ho a tothom que trob al tren.

89

-Vine a Mallorca arrastrado por el bum del turismo. Vine a trabajar en la construcción, como hicieron muchos de mis compañeros de Cañas que emigraron a Mallorca por esa época. Sólo en mi cuadrilla, creo recordar que eramos cinco. Los hermanos Quevedo, Pepe el Bigotes, Fernando Cuellar y yo Antonio el Monaguillo. Muchas de las baldosas que hoy pisan los ingleses y alemanes que vienen a Mallorca para emborracharse y para tostarse al Sol, fueron colocadas por nosotros.

-I ara, no sols me contarà la seva vida, sinó que també, me contarà les peripècies de cada un dels habitants del seu poble. -Pensa en Miquel. -Ara no sé, si contar-li que a la meva padrina li deien na Pixana de mal nom, o més bé, enviar-lo directament a porgar fum.

-¡Uy! Si no hubiera sido por nosotros, ahora Mallorca no sería lo que es. Nosotros construimos hoteles y negocios donde no había nada.

-No, si encara li haurem de donar les gràcies a aquest i a tota la seva tropa. -Pensa en Miquel. -Ara que, amb una cosa té raó, si no fos per ells per ventura Mallorca seria molt diferent. Segurament encara tots xerraríem en català i ningú ens imposaria el «hablame en cristiano», ni tampoc, hauríem de girar la llengua per fer-nos entendre a ca nostra.

-Pero no te creas, un hombre se pasa toda la vida trabajando y creando riqueza para los demás, y no te lo agradece nadie. Ahora ya sólo soy un viejo jubilado que no le importa un pepino a nadie. Y encima, «forester». Al menos, allí en mi pueblo, todo el mundo conocía y respetaba al Monaguillo.

-Com va dir en Xesc Forteza a la seva obra «Majórica»: «*Nunca habrías de haber cruzado el charco forastero*» -Pensa en Miquel, recordant aquella obra de teatre del fantàstic Xesc. -I com vols que no et diguem forester, si en trenta anys nos has tengut collons d'aprendre ni dues paraules en mallorquí.

-*Allí en mi pueblo sí que se vivía bien. Todo era mucho más tranquilo y nos conociamos todos.*

-Vatua el món de foresters. Tots es queixen de Mallorca, però, no n'hi ha cap que s'entorni. Si estava tan bé allà, perquè no s'entorna? -Pensa en Miquel mentre se'l mira amb cara de circumstàncies.

-*¿Ha viajado usted alguna vez a Andalucía? Si va por Cádiz tiene que visitar Cañas de la Frontera. Allí hay unas ruinas de un castillo preciosas.*

En Miquel ja no sap on posar-se. Aquell vell no acaba mai els temes de conversació, i a hores d'ara, ja li està posant el cuc de l'orella malalt amb tanta xerrameca. Per sort, per megafonia se sent la veu de l'al·lota que informa que el tren està arribant a la darrera aturada, i que per favor, no oblidin els seus objectes personals.

-Cagon l'ou quin dematí! Precisament avui que no he dormit gens ni mica i que necessitava un poc de tranquil·litat -Es lamenta en Miquel mentre s'aixeca. -El transport públic s'està tornant una merda. Encara hi acabaran entrant tots els tarats de Mallorca per seure-se devora jo.

10

Simplement, escriure un llibre

Avui, en Pep entra al tren amb una estranya mescla de sentiments de decepció i d'ansietat ficats a dins del cos.

Per una part, tot i ser en gran part culpa seva, en Pep està decebut per com va anar ahir el sopar amb na Marta, i per l'altra, està ridículament ansiós per veure si avui tornarà a coincidir al tren amb na Paula. Pareix mentira que, una al·lota que durant tant de temps ell havia encalçat, ara li resulti tan indiferent, i que una al·lota que sols ha vist un pic i que ni tans sols ha tengut dues paraules amb ella, ara el posi tan neguitós.

Ahir, pareixia un dia ideal per fer el sopar amb na Marta, en Pep estava de molt bon humor i, després de tant de temps, havia tornat a recuperar aquella perduda i oblidada il·lusió davant la vida. Estava deixant enrera tots els seus mals rotllos, i com no, aquell fantasma de l'odi indiscriminat envers a tot i a tothom que l'havia estat perseguint darrerament. Però, així i tot, la vetllada no va resultar massa agradable.

El vespre havia de començar a animar-se quan arribés en Vicenç a ca seva. I va començar ben fort, amb dos J&Bs amb cola per barba. Però, el que en un principi pareixia ser un bon recurs per començar a entonar-se, va resultar ser una bona forma d'aconseguir precisament l'efecte contrari. Quan va arribar l'hora d'anar a cercar a na Marta i a la seva amiga, a en Pep li havia pegat el xubec i tenia més ganes d'anar-se'n al llit a dormir que no d'anar a sopar. Ja es veia venir que la cosa no aniria gaire bé quan, dins el cotxe, mentre en Vicenç li comentava que la nas de trinxet tenia un vici impressionant, ell no feia res més que pensar amb el somriure de na Paula. Per afegitó, quan varen arribar a la casa dels pares na Marta, en Pep, tot i que ella duia un vestit del tot provocador, va mostrar més interès per xerrar amb en Guillemet, el seu germà, que en saludar-la a ella. No va fer el mateix en Vicenç, que el primer que va fer al arribar, va ser saludar de forma efusiva a les dues al·lotes. Sobre tot, a na Teresa, la de la cara difícil.

Segurament, ningú va percebre aquell petit detall, però, va ser en aquell precís moment on va quedar de manifest que, per a en Pep, na Marta havia perdut tot el seu encant. Aquell vespre, en Pep es veuria a si mateix només com una carabina que acompanyava a en Vicenç i a na Teresa. Es veia a si mateix com un convidat de pedra, i no, com l'acompanyant de na Marta a un sopar d'amics.

En Pep estava girant pàgina en la seva vida i na Marta s'estava quedant a l'altra part del llibre. A la part ja llegida. A un capítol ja acabat. Na Marta, tot i ser una al·lota molt atractiva, no tenia res que aportar en aquest nou episodi de la vida d'en Pep. Era un personatge del passat sense haver arribat mai a ser un personatge del present.

Al principi del sopar, en Pep estava mig absort amb els seus pensaments, que de forma recurrent passaven, un pic i un altre, pel record d'aquell meravellós somriure. El meravellós somriure de na Paula. Durant el sopar, participava sols per damunt en els diferents temes de conversació que anaven sorgint a taula. I una vegada hagueren duit el menjar, quasi ni va tornar mirar de cara a na Marta. Mentrestant, les dues al·lotes es xapaven el cul de riure amb els acudits i les historietes que contava en Vicenç. En Pep es limitava a fer de tant en tant una mitja rialla, en bona part, perquè després de sentir les mateixes històries al llarg de tants d'anys, ja se les sabia de memòria. En Vicenç, que també el coneix des de fa ja massa temps, va ser el primer, i segurament l'únic, en donar-se compte que alguna cosa rara estava passant. Mig emprenyat, va aprofitar que les dues al·lotes varen anar juntes al bany per cridar-li l'atenció a en Pep per la seva apatia. És curiós aquesta costum que tenen les dones d'anar juntes al bany. Què pensaria la gent si un home li demanàs a un altre que l'acompanyàs al bany. Sobre tot, si es tractàs d'un home major que ho demana a un jovenet guapet de cara.

-Què cony et passa Pep? Estàs empanat! No pareixes tu! -Li va recriminar en Vicenç.

-Què passa? -Va contestar en Pep fent-se el sorprès.

-Idò passa, que tens a devora a una nina que està per mullar-hi pa, o millor dit, per mullar-hi una altra cosa, i tu, no li fas ni puta cas. Pareixes bàmbol! A veure si t'espaviles que encara em fotràs el pla.

Un poc degut al toc d'atenció d'en Vicenç, un poc degut a qualque carícia mal intencionada de na Marta, i sobre tot, un poc degut a les moltes copes de Lambrusco que ja duia al cos, en Pep va trobar que en Vicenç tenia tota la raó del món i que feia pardal no aprofitar l'ocasió. Va pensar que pegar un pinyol amb una dona com na Marta no era precisament cap sacrifici. Havia d'espavilar-se.

Aquesta reacció, que segurament va arribar un poc massa tard, li va sortir ben foradada a en Pep. L'intent d'enrotllar-se amb na Marta va resultar un fracàs total. Li hagués convingut més deixar-ho córrer. Almenys així, s'hagués evitat la decepció que provoca el rebre carabasses. Quan en Pep va provar d'arrimar-s'hi, ella no va anar de res, ja sigui perquè fins al moment ell havia estat fent el colló i ara ella li volia fer pagar el menyspreu, o perquè na Marta, tot i semblar una al·lota molt oberta, realment és més freda que el nas d'un ca. Després d'estar insinuant-se i provocant-lo tot el vespre, na Marta, posant cara de nina bona que no ha trencat mai un plat, li va agafar les mans amb molta suavitat, el va mirar fixament als ulls, i li va dir que trobava que ell era un jove molt agut i molt simpàtic, però, que també trobava que volia anar massa de presa. No devia pensar el mateix la seva amiga, que segons en Vicenç, és més puta que les gallines de Cannà que varen aprendre a nedar per boixar-se als ànecs. Així és que ahir, després de sopar varen anar a fer dues copes al bar del seu amic, i després, cadascú a jeure a ca seva. Excepte en Vicenç, és clar, que després d'acompanyar a en Pep a ca seva va anar a veure de quin color són els llençols de na Teresa.

Avui, després d'haver dormit un parell d'horetes, una bona dutxa, d'aquestes que s'acaben quan s'acaba l'aigua calenta de l'acumulador, i un bon cafè amb llet, en Pep encara el dia amb molta d'il·lusió. Tot i estar encara un poc dolgut per les carabasses d'ahir vespre, avui s'ha aixecat ben content. Deu ser perquè, entre altres motius, avui ha de començar a la nova oficina i ja té ganes de conèixer als seus nous companys. Ara que segur, que no n'hi ha cap de tan peculiar com en Guillemet. Però, del que té realment ganes, és de conèixer de quin peu es calça el seu nou director. No li agradaria haver sortit de la paella per caure dins el foc. Trobar-se a un altre vell malsofrit el fotria bastant i li tiraria la moral pel terra.

Al tren, el primer que fa en Pep al entrar-hi, tal i com feria un adolescent enamorat, és mirar si a aquell mateix vagó ha entrat també na Paula. La localitza de seguida. Està allà dreta, a quatre o cinc metres de distància d'ell, xerrant i rient amb les seves amigues. És com si dugués una aureola especial que permetés a en Pep localitzar-la de seguida. En Pep es queda allà dret, observant-la des de la petita distància com si fos un estaquirot. Alhora tan aprop i alhora tan enfora. Com li agradaria haver tornat a coincidir avui amb aquella velleta tan salada. Segur que, si li insinuava que li agradaria conèixer-la, aquella doneta se les enginyeria per presentar-se-la. Li encantaria poder tenir avui una petita conversa amb ella, i poder sentir així, la seva dolça veu de ben aprop. Però, no li sembla un bon pla anar-hi de sobte i dir-li:

-Hola Paula, som en Pep i trob que tu ets l'al·lota més preciosa que he vist mai. Des que et vaig veure per primera vegada, no he deixat de pensar amb tu i amb el teu meravellós somriure.

Des d'aquella distància prudencial, segueix observant-la amb la por, i al mateix temps, amb les ganes, que les seves mirades es tornin a creuar, i se n'adoni així, que ell l'està observant. Avui, na Paula porta un vestit color crema de Liu-jo que li queda genial, i com no podia ser d'altra manera, perfectament ajustat al cos. És com si aquella marca italiana de moda hagués pensat amb ella quan va dissenyar aquell vestit. No és sols que sigui una al·lota preciosa, sinó que també, té un gust exquisit alhora de vestir-se. Però, si en Pep hagués de triar l'aspecte que més li crida l'atenció d'ella, segurament dubtaria entre el seu meravellós somriure i aquells preciosos cabells arrissats que varen fer que es fixàs amb ella per primera vegada.

Na Paula, atractiva i elegant, no té res a veure amb les seves amigues. És un poc exagerat afirmar que les seves amigues són més lletges que un pecat. Però, sí que hi ha gent que segurament ha vist someres molt més guapes. La que està just al seu davant és un arpellot gran de bades i amb una barramenta tan grossa que sembla un cavall. I no precisament un pura-sang. La que té situada a la seva dreta, més que una al·lota jove, sembla més una placera de cinquanta anys. A més, és quasi segur que li degueren fer la cara amb un motllo de fer carusses un dia que frisaven molt. Però, la pitjor de les tres, sense cap

97

dubte, deu ser l'altra que està devora la porta. Per així com es toca els cabells, col·locant-se-los emprant els dits com si fossin una pinta i mirant el seu reflex a la finestra a mode de mirall, i per així com mira per damunt les espatlles de l'altra gent, o bé es pensa ser de les set cases, o bé es creu ser la mateixa Estel d'or. Ara que més bé, es tracta d'una al·lota més bé ridiculeta, amb cara de ca rater i que més li convendria, enlloc de pentinar-se tant, mirar un poc més prim alhora de depilar-se els mostatxos.

Així com arriba el tren a l'estació de Marratxí, amb una mica de retràs com quasi sempre, s'aixeca per baixar-hi un passatger que estava assegut aprop d'on està dret en Pep. Una vegada el tren torna a partir, en Pep decideix que val més seure-se al lloc que ha quedat lliure abans que na Paula el torni a aglapir observant-la, o pitjor encara, que una de les seves amigues vegi com s'està rient d'elles. Una vegada assegut, se n'adona que s'ha anat a seure just devora aquell home que diuen que escriu un llibre. És un home que, tot i ser bastant alt, té unes mans desproporcionadament grosses i amb uns dits molt i molt llargs. Quan aquell home agafa el seu bolígraf Bic per escriure, sembla més bé que ha agafat un misto o un escura-dents. Tot i que molta gent el coneix i el saluda demanant-li que tal du el llibre, normalment seu tot sol i en silenci. La gent sol respectar-li aquest silenci i no solen molestar-lo gaire. Quan escriu, ho fa amb una lletra horrible, il·legible i minúscula, més que escriure lletres, paraules o frases, pareix més bé que dibuixa una processó de formigues en Setmana Santa. Quan no escriu, es sol dedicar a observar, amb els seus ulls petits i cansats, a la resta de passatgers que comparteixen vagó amb ell. També, sol perdre la mirada amb el paisatge que, a tota velocitat, passa per darrera de la finestra del seu costat. Finestra que sempre sol estar decorada amb la pols o les restes de la ploguda dels darrers dies. De tant en tant, fa un estrany gest arrufant el nas, com si estigués ensumant l'olor que fan els altres passatgers, o com si, en aquell precís moment, li estigués passant pel cervell una bona idea literària que transcriure als seus papers. Tot i que es nota que s'afaita cada dia, deu tenir tanta barba que ja no li fuig la negror de la cara. A en Pep li recorda a en Pere Picapedra que sempre pareixia que anava mal afaitat. Ara que, si miram la panxa que està posant i els pocs cabells que li queden al terrat, d'aquí poc se semblarà més a en Homer Simpson.

-Què! Com va ell llibre? Et queda molt per acabar-lo? -Li demana en Pep.

-Anam fent. Tampoc, no és que frisi gaire. Per ara, ningú m'encalça. -Respon l'home amb tota la tranquil·litat del món.

-I què tal això de ser escriptor?

-Ei! Atura el carro! Jo no som escriptor, ni molt manco. És més bé com un repte personal. Simplement es tracta d'una curolla que tenia entre cella i cella. Com va dir aquell: «Tot home, al llarg de la seva vida, ha de sembrar un arbre, tenir un fill i escriure un llibre». Arbres, ja en vaig sembrar més que abastament amb mon pare quan era al·lot. Filla, vaig tenir la gran sort de tenir-ne una ara fa tres anys. I llibre, era la darrera cosa que em quedava. I amb això estam.

-Vulguis o no, deu ser una bona forma de deixar alguna cosa per a la posteritat, i poder ser així, sempre recordat. És una forma d'obtenir la immortalitat. -Prova de filosofar en Pep.

-Com va dir en Woody Allen: «Jo no voldria obtenir la immortalitat amb la meva obra, sinó simplement, no morint-me». Crec que és una opció molt millor. No trobes? Si acab ell llibre i, la meva dona i la meva filla ho llegeixen qualque dia, ja em donaré per satisfet. Si llavors el llibre acaba al cementeri dels llibres oblidats d'en Carles Ruiz Zafón no em sabrà gens de greu.

-Sempre tens a la boca les paraules de qualcú. -Li fa observar en Pep.

-Per ventura, és que jo no tenc gaires coses importants a dir. -Respon l'home amb un somriure.

-Però, escrius un llibre. -Subratlla en Pep.

-Sí, però, és sols un simple entreteniment, no és cap tractat de filosofia, ni tampoc, hi haurà cap mena de missatge dins les seves pàgines. No és ni molt manco la meva intenció.

-Quan l'acabis, què me'l deixaràs llegir? M'agradaria sabre quina història pot escriure un home dins un tren.

-Encara està per veure si l'acabaré.

-Trobes que no l'acabaràs?

-Al principi, pensava que segurament em cansaria d'escriure abans d'acabar-lo o que seria incapaç d'escriure una història que realment em satisfés.

-I ara, què trobes?

-Ara ja he escrit deu capítols. Faria pardal no acabar-ho. No trobes?

-Idò, el que t'he dit. Quan l'acabis, seria un plaer que me'l deixassis llegir.

-Si l'acab, t'ho faré sabre. -Conclou l'home estrany. -Ah! Per cert, jo també trob que és una al·lota molt garrida. Però, si la mires tant, l'esquinçaràs.

-Tant es nota? -Demana tot sorprès en Pep. Ja era la segona vegada que li passava el mateix.

-Sí. Ho he notat jo i tota la resta de passatgers del vagó.

En Pep no torna a piular pus més en tot el trajecte. Un poc per vergonya i un poc per deixar-lo escriure tranquil·lament. Ha quedat clar que es tracta d'un home ben peculiar, d'aquests que van sempre per lliure, sense importar-li ni cap on va ni el que pensa la resta de la gent. Li recorda un poc a en Guillemet.

11

Tothom vol sortir el primer

Avui, en Miquel entra al tren fent cara de Divendres Sant i amb uns morros d'un pam.

En Miquel, després de passar una mala nit terrible, s'ha aixecat molt decaigut i sentint-se bastant desenganat de la vida. Segurament, el motiu principal és perquè està veient com tots els esforços i tota la implicació que sempre ha posat envers a la seva feina, no li han aportat gaire cosa més que un sou a final de mes. Cansat de fer feina amb males condicions, va fugir de la seva antiga feina pensant-se que anava a treballar a una empresa molt millor, un lloc on seria valorada la seva tasca i on ell se sentiria molt més a gust. Però, fins al moment, l'únic que ha guanyat amb el canvi ha estat un company que l'està putejant de valent. Ell esperava trobar, o almenys així li ho havia venut el gerent quan el va entrevistar, un equip de treball competent i il·lusionat amb la feina. Però, el que ha comprovat és que la majoria dels seus companys són més vagos que el jeure i precisament del que no van és de feina.

A sobre, les relacions personals entre companys són tan fredes i pèrfides com l'iceberg que va enfonsar el Titànic. Amb el temps que porta a l'empresa, encara no ha fet cap amic, ni tampoc, ha tengut ganes de fer-ne cap. Aquí, la gent va a la seva bolla i no es preocupa mai pels problemes dels demés. Encara que el gerent està totalment convençut del contrari, en Miquel ha tocat amb les mans que l'ambient de treball és realment penós i l'esperit de companyerisme brilla per la seva absència. Si files un poc prim i observes els personatges que pul·lulen per l'empresa, veus que en Germán no és un cas aïllat d'incompetència rapinyaire. Igual que els voltors i les hienes s'aprofiten de les preses que han caçat els altres animals, aquí n'hi ha més d'un que té la mala costum d'aprofitar-se de la feina que fan els seus companys. A l'altra empresa, mai va veure res semblant. Mai, un empleat es va aprofitar d'aquesta manera tan egoista d'un company. Ara, resultarà que fer feina amb males condicions i amb un cap que és un tirà explotador, fa que les relacions entre companys i l'ambient de treball siguin molt millors. Es veu que tenir un enemic comú, com era en aquest cas el seu antic cap, fa que els altres empleats facin, tots junts, pinya en contra seva. Recordant als seus amics, en Miquel pensa que li aniria bé no faltar aquesta setmana a la reunió d'antics companys. Necessita desconnectar un poc d'aquest malson i rodejar-se de la gent que l'aprecia.

Ahir dematí, en Miquel va procurar arribar prest a l'empresa, per així, ja ser-hi quan arribàs l'escurçó del seu company. Volia demanar-li, abans de fer res, explicacions per la mala jugada que li havia fet el dia anterior. Però, es varen fer les deu del dematí i en Germán encara no havia comparegut per l'oficina. No és que esperàs que en Germán sigués puntual, fins al moment no ho havia estat mai, però, les deu del dematí era un poc tard fins i tot per a ell. Quan ja estava cansat d'esperar i havia decidit anar a fer un cafè a la màquina, van comparèixer dins el despatx na Marina i els seus complements de na Hello Kitty.

-Hola Miquel. Com va?

-De cul i marxa enrera! Què vols que et digui Marina? -Va contestar mig emprenyat en Miquel.

-Saps com es troba en Germán? -Va demanar-li tota innocent na Marina.

-No! Avui, encara no li he vist el pèl.

-I com vols haver-lo vist? Ahir, el pobre es va fer mal a les cervicals, i avui, no ha pogut venir a treballar. El pobrissó deu estar a ca seva sense poder-se moure. No l'has telefonat per sabre com està?

-Què et penses? Que no tenc res més a fer. -Va contestar en Miquel començant a entendre-ho tot i dubtant que realment en Germán s'hagués fet mal. Segurament, tot era una de les seves patranyes. -A més, és la primera notícia que en tenc.

-Jo em pensava... com que sou companys... -Va vacil·lar na Marina. La pobra se sentia un poc amenaçada pel to de veu d'en Miquel.

-Companys? Deixam-ho estar en que compartim despatx. -Aquest interès de na Marina ja li començava a caure com un mal li toc pestes. Per tant, va optar per provar de ser un poc cruel amb ella, i veure si així, se la treia del damunt. -No passis pena. El teu príncep blau en sortirà viu d'aquesta. Mala herba mai mor!

-En Germán no és el meu príncep blau! -Va respondre na Marina amb una mescla d'irritació i de vergonya.

-Ell no serà el teu príncep blau, però, tu sí que ets el seu gripau.

-Estúpid! Mal et morissis! -Li va cridar na Marina.

-Jo també t'estim Marina. -Li respongué en Miquel amb una rialla maliciosa.

La crueltat d'en Miquel havia funcionat segons el previst. Na Marina se'n va anar del despatx, acotant el cap i amb els ulls que li espirejaven. Estava a punt de posar-se a plorar. Tot seguit, en Miquel va sortir del despatx darrera seu. Però, no per disculpar-se, sinó per anar a fer-se el cafetet. Ja no tenia cap sentit seguir esperant a en Germán amb l'escopeta parada per demanar-li explicacions. Segurament, en Germán va pensar que no li convenia comparèixer per l'empresa després del que havia fet. Per tant, degué decidir inventar-se un mal de cervicals abans d'haver de donar la cara. Ja se l'imaginava compareixent l'endemà amb un collaret de pega al coll i fent-li llàstimes a tothom. Si en Miquel li posa una mà al coll, segur que llavors sí que tendrà mal de bon de veres. No obstant, en el fons en Miquel desitjava que el mal de cervicals no fos sols comèdia, i que el sofriment d'en Germán, fos realment espantós. Com odiava a aquell aspirant a Tartuf.

Camí de la sala de descans, on es troba la màquina del cafè, va tenir la sort de coincidir amb el gerent, que també anava cap allà a fer un cafè. Aquell, per ventura, era el moment que havia estat esperant per xerrar clarament amb ell i explicar-li, amb pels i senyals, tot el que havia succeït.

-Li fa ganes un cafetet? -Va demanar-li amablement en Miquel mentre preparava les monedes per la màquina del cafè. -Què! Com va anar ahir la paella de la vostra filla?

-Vols un consell Miquel? Si mai et convida qualcú a una paella cuinada per la meva filla, mira de declinar la invitació. El teu paladar i el teu estomac ho agrairan. -El gerent va fer una gran rialla. -Vist que en Germán no ha vengut a fer feina, ja xerrarem de l'informe quan ell es recuperi. No trobes? -Va dir-li tot seguit i abans que en Miquel tengués temps de treure el tema.

-Com trobi. -Va acatar en Miquel veient amb resignació com, en un tres i no res, se li tornava a escapar una altra ocasió per xerrar del tema amb el gerent. -Cafè o tallat?

-Un tallat, gràcies.

Aquestes quatre paraules amb el gerent, encara varen entristir, o millor dit, enrabiar un poc més a en Miquel. Com si en Germán hagués fet res a l'informe, a part de robar-lo, per haver-lo d'esperar. A més, no li feia cap gràcia veure com el gerent donava tanta importància a l'informe. Per la seva part, ell estava molt orgullós de com havia gestionat la seva tasca fins al moment, i a més, més d'un client li havia fet sabre que estava molt content de veure-lo a aquesta altra empresa. Però, el gerent pareixia no valorar-ho, sols li importava el maleït informe. Un informe que, tard o d'hora, se convertirà en una bomba de rellotgeria a punt d'esclatar a les mans de qualcú. Però, el pitjor de tot, és que en Miquel no sap com fer-ho perquè aquestes mans no siguin les seves.

Tota aquesta angoixa, fa que avui en Miquel s'hagi aixecat un poc cap-piu. Assegut al tren, prova de llegir un poc. Però, no en té gaires ganes i ho deixa anar. Des que va acabar «L'últim home que parlava català», entre una cosa i l'altra, no ha trobat cap altre llibre que l'enganxàs. Avui, se sent a disgust i sense ganes de fer res. Se sent cansat i totalment desanimat. Aquest estat d'ànim tan apagat el condueix, sense sabre molt bé com, a recordar la mort de son pare. La recorda amb molta tristor, ja que, des que son pare va morir, en Miquel l'enyora molt. Ara fa poc, va fer dos anys d'aquell fatídic dia en que un tumor cerebral fulminat va acabar amb la seva vida. En Miquel, que l'estimava molt, molt més del que es pensava abans, encara no ho ha acabat de digerir. De tant en tant, quan va a visitar a sa mare, encara se sorprèn de no trobar-lo assegut a la seva butaca, mirant la televisió o llegint el diari com si fos un llibre. És a dir, començant per la primera pàgina i acabant a la darrera, sense deixar-se ni un paràgraf, amb independència de les noticies, articles d'opinió o missatges publicitaris que s'haguessin publicat aquell dia. Son pare era una persona molt apreciada al poble, on tenia multitud d'amics. Aquell bon home, sempre va estar disposat a donar un cop de mà a tothom que ho necessitàs. El dia següent a la seva mort, quan es varen celebrar les exèquies per acomiadar-lo, l'església del poble es va quedar petita degut al gran nombre de persones que varen voler assistir al seu funeral. Les mostres de condol no deixaren lloc a dubte de l'estimació que li tenia tota la gent del poble.

Son pare, fumador de paquet i mig diari des que era jovenet, es va passar mitja vida intentant deixar de fumar. Però, ironies de la vida, quan a la fi pareixia que ho havia aconseguit i es pensava que a partir d'aquell moment gaudiria d'una vida llarga i saludable, va aparèixer un terrible i maleït tumor, que en principi res tenia a veure amb el tabac, i que, sense adonar-se, l'havia de fondre en qüestió de dies. És trist pensar-ho d'aquesta manera, però, gràcies a la velocitat de l'enfermetat, ni va tenir temps de patir ell, ni va fer patir massa temps a ningú de la família. En Miquel recorda que son pare, en un dels seus darrers dies, li va dir:

-Miquel, no et veig gens bé. No et veig passant per un moment gaire feliç. Et veig molt atabalat i massa preocupat per la teva feina. -Com és lògic, en aquells moments li parlava de la seva antiga feina. -Miquel, escolta bé el que et diré. Has de procurar gaudir, sempre i en tot moment, del que tens en aquell moment. Valora el que t'ha costat aconseguir-ho. La vida és massa curta per passar-te-la desitjant el que encara no tens, i molt manco, desitjant impossibles. Que en definitiva, seran els únics que et podran fer infeliç.

En aquell moment i donades les circumstàncies, en Miquel no va sabre molt bé com encaixar-ho. En el fons, sols eren les paraules d'un pare que sap que li queden molt poques coses a dir en aquesta vida. I ara mateix, tampoc acaba d'entendre que li estava provant de dir exactament son pare aquell dia. Però, ha de reconèixer que, per ventura sense sabre com, son pare tenia tota la raó del món. En Miquel està veient com torna a repetir-se aquella mateixa situació d'un temps, i com passava abans, no li està agradant gens. Està clar que, ara mateix, no és pot dir que sigui precisament una persona feliç. No li agrada haver d'admetre-ho, però, segurament el problema de tot el que li està passant i del que li passava per aquell temps, no és altre que, ell mateix i la seva estúpida forma de ser. En Miquel sempre que es troba davant d'un problema, el primer que fa és cercar un culpable, en lloc de simplement, cercar una solució. Es comporta com un membre de la Santa Inquisició que, fins que no tenien a qualcú per cremar dins la foguera, no estaven contents. Aquesta manera tan intransigent d'actuar, el que acaba fent és alimentar més i més el problema, fins que, aquest es torna tan gran que l'acaba engolint a ell.

Els seus pares, tot i estimar-se amb locura, mai varen arribar a ser feliços del tot. Son pare sempre li va demanar molt poques coses a sa mare. I ella, per més fer, sempre li donava molt més del que ell necessitava. Però, no justament el que ell demanava. Per l'altra banda, sa mare sempre va esperar molt de son pare. Però, per la seva part, ell sempre va pensar de si mateix que era molt poca cosa i sempre tenia la sensació que, fes el que fes, mai arribava a fer feliç a la seva dona. Aquesta estranya i incomprensible relació provocava, de cap a cap de dia, una tensió continua que moltes vegades feia que l'aire de la casa fos injustificadament irrespirable. Fins que, l'amor que hi havia entre ells dos, tornava a florir com a flor d'ametller i tot tornava al seu lloc.

Mentre en Miquel continua absort amb els seus pensaments, el tren està a punt d'arribar a la darrera estació. L'estació de la plaça d'en Joanot Colom. Una dona, que ha estat asseguda tot el trajecte entre ell i la finestra, s'aixeca un poc abans que el tren s'aturi, intentant col·locar-se així, just davant la porta de sortida. Aquest fet i la mínima molèstia que provoca, li cauen ben torts al malsofrit d'en Miquel. Segurament, tot és degut al cúmul de mals pensaments que s'han passejat pel seu cap aquests darrers minuts.

-Em permet jove? -Li demana amablement aquella dona al aixecar-se.

-No es preocupi senyora! Aquí, no tenen la costum de deixar a ningú tancat dedins el vagó. Ni tampoc, donen cap premi a qui surti el primer -Li respon amb ironia en Miquel mentre la deixa passar.

La pobra dona, després d'aquesta inesperada sortida de to, es queda un poc descol·locada, però, sense dir-li res a en Miquel, li pega tal mirada que el travessa. En Miquel, un poc empegueït i aguantant el tipus, s'aixeca darrera la dona i es dirigeix cap a la porta de sortida amb ben poques ganes de baixar del tren per anar a treballar. Abans de sortir per la porta, li passa pel cap la idea de quedar-s'hi a dedins, i tornar d'aquesta manera, amb ell cap a ca seva. Faltar a la feina, és una cosa que, sense estar ben malalt, no ha fet mai, i molt manco, una cosa que li hagués passat mai pel cap. Però avui, veient com estan les coses per l'empresa i coneixent la poca serietat que tenen els seus companys, no li pareix tan desgavellat.

Una vegada ha baixat del tren, es posa a seguir a la processó de gent que, com si fos una guarda d'ovelles, es dirigeix cap a la sortida de l'estació. Pel camí, es creua amb un jove vestit amb un xandall blanc del Reial Madrid que, a bona hora del dematí, obri una llauna de cervesa. Es tracta d'un d'aquests joves que no deuen estimar gaire la seva roba, ja que, els baixos dels calçons del xandall són més bé negres i estan mig capolats de tant de trepitjar-se-los. Es veu que la llauna de cervesa que vol obrir es devia haver agitat un poc al llarg del trajecte i, quan el molt bàmbol l'obri, l'espuma de la cervesa surt disparada, amb la mala sort que esquita lleugerament la cara d'en Miquel.

-Me cag amb la teva estampeta! Ets beneit o menges merda? -Li crida en Miquel quasi instintivament i sense aturar-se a pensar amb les conseqüències que poden venir darrera aquestes paraules tan malsonants.

-*¡Tranquilo Leon!* -Li respon l'amic del que du el xandall brut així com li posa una mà, que pareixia més la mà d'un apòstol, damunt l'espatlla. -*Y a ver si cerramos un poquito la boquita, que aquí mi primo, no te había dicho nada.*

-No em toquis! -Li crida en Miquel tot exaltat i espolsant-se la mà de damunt l'espatlla. Ara, sí que en Miquel comença a ser un poc conscient de les conseqüències que li poden dur les seves paraules. Però, si és necessari, està disposat a barallar-se amb ells dos, tot i que, el que li ha posat la manota al damunt sembla més un goril·la que no pas un ésser humà. Els mira fixament als ulls i estreny el puny amb força.

La resta de passatgers, al veure l'escena que s'està produint, opten per allunyar-se d'allà o per passar per un altre lloc.

111

-*¿Te vas a poner gallito?* -Li demana el goril·la mentre li pega copets al pit amb el seu enorme dit índex.

-Deixem! -Li torna a cridar en Miquel al mateix temps que li aparta el dit amb una manotada.

Al goril·la se li ha acabat la paciència, o millor dit, se li deuen haver creuat els cables. L'animalot agafa de sobte a en Miquel pel coll amb la seva manota i li fot una estreta que per poc no l'escanya. En Miquel es queda totalment paralitzat. No sap si és degut a la falta d'oxigen o per la por que li recorr tot el cos. Sense dir-li res més, el molt animal li pega, amb totes les seves forces, una genollada a la boca de l'estomac. El pobre Miquel quasi perd el coneixement i cau redó a terra. Una vegada enterra, el goril·la agafa la llauna de cervesa del seu *primo* i li buida a sobre. En Miquel nota com un liquid fred li recorr la cara i, un altre de calent, li banya la cuixa. En Miquel s'ha pixat a sobre.

-*¿Qué pasa campeón? ¿Ya no dices nada?* -Li recrimina el goril·la just abans de pegar-li una escopinada a la cara.

En Miquel el sent, però, no li contesta. Prova de mirar-li la cara, però, tot està massa borrós. Encara està provant de recuperar l'alè quan, de sobte, nota com s'acota devora ell el del xandall i, com si ell fos un porc i l'altra un matancer, li posa una navalla just devora la cara perquè la vegi bé. Tem que aquest, ara que ell està indefens i ajagut enterra, aprofiti per pegar-li un mal cop o per fer-li un tall amb la navalla. Però, no és així.

-*¿Y ahora, quién es que come mierda? ¡Gilipollas!* -Li diu el del xandall blanc acostant-se encara un poc més per cridar-li just a l'orella, i després, tal i com ha fet el seu amic, escopir-li a la cara.

Els dos animals se'n van, sentint-se vencedors i congratulant-se per la gran feta que ha estat humiliar a qui, creuant-se en el seu camí, havia gosat insultar-los. En Miquel queda allà enterra ajagut i sense moure-se. Brut i banyat per la cervesa, les escopinades i la seva pròpia orina. Derrotat i fotudament humiliat. Aquest pic, en Goliat havia derrotat al mitja punyeta d'en David. Es queda allà quiet, plorant de ràbia i de dolor. No gosa aixecar-se. Simplement voldria desaparèixer d'aquest món.

12

El reciclatge i la integració social

Avui, en Pep puja al tren amb l'alegria que, abans de sofrir el lamentable episodi amb els homes de verd, sempre l'havia caracteritzat.

Es nota que, ara mateix, està convençut que la seva vida torna a agafar un rumb que sí que li agrada. El seu cor està alegre perquè sembla que, per fi, ha deixat de ser una barca a la deriva.

La sensació d'haver, per fi, acabat de girar pàgina, va ser el primer que va sentir ahir al començar a fer feina a la nova sucursal. Ja de bon dematí, ja estava content sols pel simple fet de no haver d'anar a treballar a la seva antiga oficina, ni tampoc, haver de veure la cara de pomes agres de don Toni. Però, al final del dia, estava encara més content si cap. Havia estat una sort anar a pegar amb els seus ossets precisament a aquella sucursal. Per començar, l'oficina està un poc més aprop de la plaça d'en Joanot Colom. Per tant, agafant el tren a la mateixa hora que ho agafava abans, disposa d'un poquet més de temps per prendre, al bar de la cantonada, el tan necessari cafetet del dematí. Fins i tot, aquesta miqueta més de temps, li permet poder fer una primera fullejada a les notícies dels diaris. Sempre que pot, intenta agafar el Diari de Balears. Més que res, perquè deu ser l'únic diari que està escrit en català. A més, en Jordi, l'amo del bar, fa un cafè d'aquests ben carregats i amb una bona espuma, just com a ell li agrada. Per altra banda, respecte al seu nou lloc de feina, ha tengut la gran sort de trobar un ambient de feina genial, juntament amb uns companys i un director molt enrotllats que, l'han rebut, com mai l'havia rebut ningú abans.

Un espàrrec que no fa ni ombra. Això, és el que va pensar ahir en Pep quan va veure per primera vegada al seu nou director. En Felip, el seu nou director, és un home tan magre i lleig que és difícil, per no dir impossible, fer una bona estimació de quants d'anys deu tenir. En Pep pensa que deu ser un poc més vell que ell, però, no massa. Ara, que tampoc hi posaria la mà al foc. Més que prim, en Felip és més bé un sac d'ossos que just just arriba a omplir la roba que porta a sobre. Sembla un penjador llarg i prim del qual s'espera que en qualsevol moment, al ser incapaç de subjectar la roba, li caigui tota enterra.

Pel que va poder veure ahir, en Felip, no don Felip com hagués passat a la seva antiga oficina, és un home extremada i terriblement sincer. Aquesta sinceritat, moltes vegades confosa amb grosseria, té l'avantatge que en tot moment saps tant el que pensa com el que espera de tu. Però, pel contrari, també amb aquesta mateixa, terrible i cruel sinceritat, et pot dir, que l'has cagada i que no li ha agradat gens com has fet la teva feina. Ara, que per altra banda, si et diu que has fet una bona feina, pots estar ben segur que no t'ho diu sols per quedar bé. Respecte a l'hora de fer feina, el que li agrada a en Felip, és veure que la gent fa la seva feina de gust, com també, veure que tothom té clara quina és la seva responsabilitat. No li agrada veure gent que s'enreda per les bardisses.

-Molt bé Josep... -Va començar dient-li en Felip.

-Em podeu dir Pep. -Va puntualitzar ell.

-D'acord. Però tu per favor, no em tractis de vostè, que ni som tan vell ni tan important, com per merèixer aquest tracte.

En Pep va assentir amb el cap i va acompanyar el gest amb un petit somriure un pèl carregat de vergonya.

-Molt bé Pep, tenint en compte, d'on vens i el cap de fava que tenies com a director, crec, que aquí estaràs molt bé. Al manco, molt millor que allà. -Li va dir el director sense gaires més presentacions i dibuixant un intent de somriure a la cara. -Ja m'he informat sobre tu i, m'han dit, que ets una persona molt feinera i un poc massa viva. I això, m'agrada. -Dit això, va capejar, fent que sí amb el cap a mode d'aprovació. -També, m'han dit que ets un poc bandarra amb les al·lotes. Però, això no m'importa. Això sí, mentre no t'acostis a menys de dos metres de la meva dona. -En Felip ara sí que va fer una bona rialla.

En Pep va aixecar les espatlles i li va tornar el somriure sense sabre molt bé que contestar. Tot i que, estava clar que el director estava bromejant, el seu to de veu, sense sabre tampoc perquè, l'estava intimidant un poc.

-Primer de tot, vull dir-te que aquí, sobre tot, hi ha dues coses que són sagrades: la primera és l'hora d'anar a berenar i l'altra és l'hora de partir cap a casa. Què vull dir-te amb això? -Va puntualitzar el director aixecant lleugerament el to de veu. -Idò, amb això, vull dir-te que aquí la feina ha d'anar sortint al seu ritme i que sempre s'ha de dur al dia. No es tracta de fer més feina de la que toca, però sí, de fer-la quan toca. A mi m'agrada veure aquesta sucursal com una barca, i a tots nosaltres, com els remers que l'hem de dur a bon port. I tu en concret, tendràs la responsabilitat de distribuir equitativament la feina perquè, cada un dels remers que hi ha aquí defora, pegui exactament les mateixes palades que el que té al costat. Ningú, ha d'haver de pegar més palades que cap altre. Sinó, la barca anirà torta. -En Felip, dient això, havia allargat el seu llarg i prim dit amb la intenció de mostrar-li, a través dels vidres de la peixera del despatx, els seus nous companys. -Tot això, sempre amb un únic objectiu, el de poder anar tots a casa amb la satisfacció i la tranquil·litat que dóna deixar la feina feta.

En Felip va fer una pausa per comprovar que en Pep l'estava entenent, o que almenys, el seguia escoltant.

-No provis d'impressionar-me fent més feina de la que et correspon, perquè no ho aconseguiràs. Tu simplement procura que la feina surti i que el personal estigui content. Així, no et torbaràs a comprovar que, a aquesta sucursal, es viu molt bé.

-Això esper! -Va provar de dir en Pep que, en tot aquest temps, no havia tornat a obrir la boca. -I no dubtis que...

117

-Bé, basta de xerrameca. -Va interrompre el director, sense cap mala intenció, ja que ni s'havia assabentat que en Pep li hagués contestat. -Anem defora que et presentaré a tota aquesta colla.

En Felip es va aixecar, dubtant com no, de si el pobre Pep havia entès res d'aquella espècie de discurs que amollava sempre que venia qualcú nou. Una vegada hagueren sortit del despatx, li va presentar a cada un dels seus nous companys, un a un i destacant de cada un d'ells, una virtut i un defecte.

-Aquest d'aquí és en Macià. En Macià és l'hòstia a l'hora de vendre qualsevol producte nou. Per això, mai he pogut entendre que putes fa fent feina a un banc. En sortir qualque cosa nova, millor que li donis a ell. Perquè, amb tot això de vendre, li dóna amb cullereta a qualsevol de nosaltres. Però, alerta, que molts de dematins s'aixeca amb el llençol aferrat al cul. La puntualitat mai no ha estat el seu fort. -Va comentar-li el director del seu primer company.

-Aquesta altra és na Maria. Na Maria és una màquina de fer feina, i a més, se li nota que passa gust de fer-ne. Però, és massa perfeccionista. Hauràs de vigilar que no s'enredi massa amb una cosa que ja es pot donar per llesta. No vol entendre que, a vegades, les coses no poden quedar tan perfectes com un voldria. A vegades, és més important que les coses surtin d'hora. -Va comentar de l'al·lota que seia devora en Macià.

I així, un a un i deixant ben clar que estava ben orgullós de tot el grup. Cada un dels seus nous companys el va saludar i li va donar una efusiva benvinguda, aixecant-se per donar-li, o bé, una estreta de mà, o bé, una

118

besada, segons es tractàs d'un home o d'una dona. Al final, una vegada acabades les presentacions, el director li va mostrar quina seria la seva nova taula, indicant-li que, avui la seva feina seria simplement aterrar a l'oficina i adequar el seu lloc de treball a les seves necessitats o manies. Li va fer veure que si necessitava qualsevol cosa, per estranya que fos, bastava simplement que ho demanàs omplint un full de comanda.

L'hora d'anar a berenar va arribar quasi sense adonar-se. En Macià i un altre jove ros i orellut, del qual no recorda el seu nom, però, que li recordava a un amic seu de l'escola, li varen demanar si volia anar a berenar amb ells.

A l'E.G.B., en Pep tenia un amic de classe, en Bernadí, que tenia unes orelles realment desmesurades. A més, com que era petit i magre, encara pareixia que les tenia molt més grosses. Els seus cruels companys de classe, a part de dir-li que semblava una somera o el mateix Dumbo, sempre l'insultaven amb la mateixa cançoneta.

-Bernadí! Bernadí! Què és el vent? Idò, les teves orelles en moviment!

Per casualitat, a la sucursal hi ha la costum d'anar a berenar al cafè d'en Jordi, on ell precisament s'havia aturat a fer un cafè al dematí, just abans d'entrar a l'oficina. A Ca'n Jordi, com a altres establiments d'aquell redol, tenen la bona costum de fer l'entrepà del dia. Cada dia, pots menjar un panet o un llonguet amb el que en Jordi ha triat per a aquell dia, a més com no, de la beguda, i tot això, a un preu bastant econòmic. Ahir, era dimecres i tocava entrepà de truita. Una truita que en Pep va trobar

119

deliciosa, sobre tot, si es té en compte que el vespre abans havia sopat només d'un poc de fruita i un iogurt. Però, segons en Macià, els divendres són el millor dia, ja que demà tocarà entrepà de calamars. Ja veurem avui que tal és el bacó amb formatge.

El ros amb orelles de Dumbo sembla una persona més bé reservada i poc xerradora. Agafa el diari, es posa a llegir, i com a molt, comenta qualque notícia. Pel contrari, en Macià no atura de xerrar, o més bé, de demanar, sembla una metralleta de fer preguntes: I d'on has dit què eres? I per l'altra oficina, què tal? Hi havia molta feina per allà? I, és veritat que el tal Toni Vives és tan fill de puta com conten? I així, una darrera l'altra, fins que, el ros de les orelles d'un pam, va suggerir al seu company que no marejàs més al nou amb tanta pregunta.

-Si en Pep ho conta tot el primer dia, els altres, no sabrà que contar-nos.

En Macià va somriure al veure que, com sempre, havia estat un poc massa pesat, però, encara va contestar que volia fer-li una darrera pregunta.

-Tens tota la raó del món. Però, només vull sabre una cosa més. El director, quan us heu tancat a dins el seu despatx, t'ha fet el típic discurs de benvinguda amb rondalla de barca i remers inclosa?

Es veu que l'al·legoria de la barca i els remers que conta en Felip no és de la seva pròpia collita, sinó, que ja la contava l'anterior director de la sucursal. Però, es coneix que l'altre devia tenir molta més gràcia a l'hora de contar-la que no, en aquest cas, en Felip. Aquest nou director sembla que fa tot el possible per mantenir el bon ambient de feina que, segons pareix, ja hi havia quan manava l'altre director, i ell, sols era el subdirector de l'oficina. El pobre intenta explicar, tan bé com pot, com funciona i desitja que funcioni la sucursal, i a més, ho intenta tal i com ho feia el seu antecessor i mestre. Però, en vista dels resultats i de la befa que li fan els seus subordinats, sobretot els més veterans, com sembla que són aquells dos, encara ha de polir un poc més la tècnica i el discurs.

En Macià i el ros amb orelles d'ala delta li varen contar a en Pep que en Felip, tot i ser més lleig que pegar a un pare i ser tan mal-xerrat que més d'un pic li haurien de rentar la llengua amb aigua i sabó, és molt bona persona i sempre està pendent que la gent de la sucursal faci feina de gust. Per a ell, un bon ambient de feina és fonamental, i per tant, es preocupa per mantenir-lo. Si qualcú té qualque mena de problema, ell sempre té la porta del seu despatx oberta per escoltar-lo i ajudar-lo en tot el que estigui en les seves mans.

L'únic problema que hi ha hagut a la sucursal, des que en Felip és el director, va ser precisament amb l'antecessor d'en Pep, l'anterior subdirector. Una persona molt envejosa que, pel simple fet de ser el subdirector i el més vell de l'oficina, ja es pensava que la plaça de director havia de ser seva. No es podia imaginar que el banc, pocs mesos abans de jubilar-se el vell, duria a un jovenet de fora per llavors fer-lo director. Precisament, unes paraules d'aquest jove usurpador, innocents però inoportunes, varen provocar l'única discussió que es coneix a la sucursal. En el transcurs d'una de les poques reunions que es fan a l'oficina, en Felip va cometre el terrible i incomprensible error de dirigir-se al subdirector dient-li l'avi. Aquest qualificatiu va fer que el subdirector entràs en còlera, demanant-li, qui es pensava que era ell per insultar-lo d'aquella manera. Per acabar-ho d'espenyar, en Felip va contestar-li que, si l'hagués volgut insultar, l'hagués anomenat dinosaure o Tutankamon. Aquí, sí que se li va encendre de bon de veres la cresta al subdirector i, si no arriba a ser que en Felip va tenir la suficient sang freda i mà esquerra com per entonar el *Mea culpa* i donar per acabada la reunió, segurament haguessin arribat a les mans. A partir d'aquell dia, el subdirector es va dedicar a torpedejar qualsevol decisió del director, i en Felip, és va dedicar a encaixar-ho el millor possible pel bé de la sucursal. Fins que, va arribar el feliç dia en que el subdirector es va poder apuntar al carro de les prejubilacions i, com se sol dir, mort el ca, morta la ràbia.

Aquí, en Pep va deduir que, tant els rumors que deien que l'anterior subdirector se n'anava perquè es jubilava, com els que deien que ho feia perquè havia tengut problemes similars als que havia tengut ell amb don Toni, eren tots certs.

Al aixecar-se tots tres per tornar a l'oficina, després d'un berenar que en Pep va consider excessivament llarg, es varen creuar, al portal de l'establiment, amb el director, na Maria i un altre home que pareixia ser un client. Aquí, en Pep va comprovar com, a l'hora de berenar, ningú mira el rellotge, ni tampoc, es mira gaire prim amb el temps que s'empra. No hi ha, com a l'altra sucursal, un director toca collons amb un cronòmetre a la mà per controlar que no empris ni un minut més de l'establert en el conveni. Encara serà certa aquesta filosofia que, l'important és que la feina surti d'hora i que l'hora de berenar és sagrada. Per ventura, no es tracta sols d'un simple discurs per quedar bé. Seria un gust treballar a un lloc on es valori el rendiment i la qualitat de la teva feina, i no es tracti sols, de complir amb un horari.

Tot aquest temps, mentre en Pep estava assegut de mans aplegades al seient del tren, el seu caperrot ha anat filant sobre com creu que serà fer feina al seu nou lloc de treball. Però, pel contrari, els seus ulls no han deixat de rastrejar cada un dels racons del vagó del tren. Es comporta com si fos un pell roja provant de trobar qualque rastre de na Paula. Dos seients més enrera, s'hi han acomodat, amb la seva particular cara de pomes agres, les amigues de na Paula. Però, ella no hi és. Si no hagués vist aquells tres insectes coleòpters disfressats de persona, per ventura pensaria que, a lo millor, na Paula havia pujat a un altre vagó. Però, tot fa pensar que segurament avui no deu haver agafat aquest mateix tren.

Al fons del vagó, en Pep localitza a aquella velleta tan aguda que sembla una oliva pansida. Avui, la punyetera ha tengut sort i ha trobat un seient per seure. Per ventura, fins i tot, qualcú li ha cedit el lloc com va fer ell l'altre dia. És curiós, l'altre dia en Pep va veure com pujava a una estació situada després de la seva, i avui, ja l'ha trobada asseguda dins el tren. Content de tornar-la a veure, en Pep la saluda amb un lleuger moviment de cap, i ella, li torna la salutació amb un somriure i aixecant una miqueta la seva arrugada i artrítica mà. La molt bruixa, veient el que està cercant en Pep i, sense la necessitat de pronunciar cap paraula ninguna, simplement amb una trista mirada, és capaç de transmetre-li al pobre enamorat, que ho sent molt, però, avui no cal que segueixi cercant perquè na Paula no ha pujat al tren. Aquesta estranya i irrefutable confirmació de l'absència de na Paula entristeix un poc a en Pep. Li hagués agradat repetir el simple i màgic moment en que els seus ulls es creuen en una curta i embriagadora mirada, carregada al mateix temps, de desafiament i de por. Aquests darrers dies, la imatge alegre i fascinadora de na Paula s'havia convertit en el millor reconstituent possible per a tots els seus mals. Era com si, en un dia d'aquests grisos en que no ha deixat de ploure, sortís de sobte, un petit i càlid raig de Sol que il·luminàs el dia.

En Pep tanca els ulls i comença a explorar, amb la seva imaginació, cada un dels raconets que arriba a recordar del preciós rostre de na Paula: la comissura dels seus petits llavis, aquells ullets petits i brillants com autèntiques pedres precioses, aquell nasset petit que li fa la cara de pepona, i sobretot, aquell somriure alegre i sincer.

Sense sabre molt bé si, realment se li acaba d'escapar un sospir o sols ha estat fruit de la seva imaginació i de l'estat d'embriaguesa que li provoca la dolça i additiva droga que és pensar amb l'hermosa Paula, en Pep se n'adona que, devora ell, s'ha assegut un jove que està fet tot un enfiloi de nervis. Com ho demostra, el moviment repetitiu i accelerat del seu genoll dret, pujant i baixant tot el temps per l'impuls de la punta del seu peu. Es coneix que és un jove molt agut. Basta mirar-li la cara i veure com l'ha saludat quan ell ha descobert que tenia una nova companyia. Però, el pobre no pot amagar, darrera la seva cara alegre i grasseta, la mala sort d'haver nascut amb el síndrome de Down.

-Hola! Jo som n'Arnau Ripoll i vaig a treballar a Ciutat. -L'informa el jove amb una veu carregada d'innocència.

-Hola! Jo som en Pep Sureda, i per desgràcia, també hi vaig per fer-hi feina. -Li contesta en Pep.

-És què no t'agrada poder anar a fer feina? -Li demana tot innocent n'Arnau i acompanyant cada una de les seves paraules amb una petita inclinació del cap i qualque aclucada d'ulls. -Jo avui començaré a treballar. Avui és el meu primer dia de feina. A mi m'agrada molt treballar. Però, hi ha molta gent que no li agrada que jo treballi. Mumare diu que hi ha molta gent dolenta que no vol que jo faci feina. Avui faré feina a una empresa de reciclatge. Reciclar és molt important. A què sí?

El discurs de n'Arnau és un poc caòtic, però, està carregat d'una sana innocència. És nota en l'emoció de la seva veu que, ara mateix, deu estar vivint un moment molt important per a ell.

-És clar que sí Arnau! Reciclar és molt important per a la natura. -Li respon en Pep que s'està contagiant d'aquella alegria.

-Avui aniré amb una furgoneta amb un company. El meu company nom Pere. Ahir el vaig conèixer. Avui amb una furgoneta anirem a cercar els tòners de les impressores que ja no serveixen. Saps què és un tòner? Un tòner és una peça de la impressora que serveix per escriure. I, si quan ja no escriu la tiram al fems contamina molt. Per això, jo amb la furgoneta he d'anar a recollir-los.

125

Jo no sé conduir, però, sí sé anar a cercar les capces amb els tòners buits i posar-les dins la furgoneta. Tu fas feina a una empresa que té impressores?

-Sí. Crec que sí.

-Idò, a lo millor avui he de venir a la teva empresa. -N'Arnau somriu tot satisfet.

-Idò, si avui vens t'ajudaré a recollir els tòners usats.

-No! -Exclama tot d'una n'Arnau amb un fil de preocupació en la seva veu i negant amb força amb el cap. -Recollir els tòners és la meva feina. No, tu no has de recollir els tòners. Jo puc recollir els tòners de les impressores tot sol. I si no puc, he de cridar al meu company Pere. No, tu no...

-Idò, si avui et veig, diré: Uep! Com va Arnau? -Rectifica ràpidament en Pep veient que n'Arnau s'està atabalant una miqueta massa.

-I jo et contestaré: Molt bé Pep! He vengut a cercar els tòners. -Contesta aquest pic n'Arnau molt més tranquil.

N'Arnau, com si estigués provant d'escarnir a en Pep, és posa també de mans aplegades i, mirant per a la finestra, es queda absort amb els seus pensaments. Avui, seguraments té moltes coses en les que pensar. En Pep també es gira per mirar per la finestra i, la seva mirada, es creua amb la d'una dona que no amaga que ha estat escoltant la seva conversa amb n'Arnau. La dona li somriu, intentant que n'Arnau no se n'adoni. Llavors, continua mirant unes fotografies que du al mòbil. Són les fotografies d'un nin d'uns dos o tres anys jugant al parc amb una pilota. Per la forma de mirar-les, en Pep dedueix

126

que deuen ser les fotografies del seu fill o del seu nét. Però, no acaba de tenir clara aquesta disjuntiva, ja que, la dona pareix massa major per tenir un fill tan petit, i per altra banda, es conserva massa bé per poder-ne ser la padrina.

El tren arriba a la darrera estació i en Pep, juntament amb la resta de passatgers, baixa per començar a encarar el que serà el seu segon dia a la sucursal on l'hora d'anar a berenar és sagrada. Així com baixa del vagó, es topa amb aquella velleta, les seves espardenyes d'anar a dormir i el seu carretó de fer la compra. Es col·loca al seu costat morint-se de ganes, com no, de demanar-li si sap que ha passat avui amb na Paula.

-Com va senyoreta? Un altre pic per Ciutat? -Li diu en Pep intentant continuar la broma de l'altre dia mentre l'acompanya.

-Bon dia jove. -Li respon la velleta contenta de veure com en Pep s'ha returat per poder acompanyar-la.

-Per cert, l'altre dia no vaig ser gaire cortès i no ens vàrem presentar com cal. Em dic Pep. I vostè?

-Ja fa un grapat d'anys, els meus pares, seguint la ja perduda tradició mallorquina i fent honor a la meva padrina, la mare de mumare, al ser jo la segona nina que naixia a la casa, varen decidir que havien de posar-me Elionor. Però, per favor, no em tractis de vostè. Què em fas molt vella! -Va contestar la padrina d'en Matusalem.

-I avui, com ho tendrà aquesta al·lota tan jove i tan garrida perquè un jove tan ben plantat com jo la convidi a fer un cafè? -Li va dir en Pep, més que per quedar bé, per anar construint una excusa per poder-li demanar per na Paula.

-No! Avui, tampoc és un bon dia. Avui, per desgràcia, torn tenir molts d'encàrrecs per fer. I com bé saps, no puc córrer gaire. Però, et promet que aquesta serà la darrera vegada que declín la invitació.

De sobte i de la manera més inesperada, la conversa de l'estranya parella i el seu estrany flirteig es veuen interromputs pels crits i els insults d'un parell de joves que, a pocs metres d'ells dos, sembla que estan a punt de barallar-se. En Pep, intuint el que pot arribar a passar i la reacció que poden tenir la resta de passatgers si finalment es produeix la brega, subjecta a n'Elionor pel braç i amb l'altra mà li agafa el carretó de fer la compra. Ben agafadets pel braç, la parella es col·loca al resguard d'una columna. N'Elionor, un poc sorpresa i atabalada, també ha vist el que podria succeir si qualcú li pegàs una empesa. La por s'apodera del seu cos, al mateix temps, que se sent segura i agraïda per l'ajuda d'en Pep. En el fons, un desconegut. Els fets posteriors demostren que la reacció d'en Pep ha estat molt encertada i que, per sort, ha arribat just a temps. Aviat, els joves passen dels crits i els insults a les mans. La reacció de la gent, com havia imaginat en Pep, és la d'esquivar la baralla fugint d'allà el més aviat possible i sense mirar gaire prim per on es passa. En Pep nota varies sempentes per l'esquena i, fins i tot, qualcú, amb un mal cop, toma el carretó de la velleta enterra. Però, el bon samarità ha aconseguit el seu objectiu principal, que ningú colpegi a la pobra Elionor.

En Pep, una vegada ha passat l'estampida de passatgers i el perill que qualcú tomi a la pobra velleta ja no existeix, decideix que el millor que pot fer, és acompanyar-la cap a la sortida sense perdre ni un segon més. N'Elionor, ara un poc més alleujada, intenta accelerar el pas tant com pot. A mig camí, en Pep es gira i veu com un dels joves està ajagut enterra, i tot fa pensar que està plorant. Mentrestant, els altres dos encara l'insulten i sembla que li escupen a la cara. En Pep es demana què punyetes deu haver passat perquè, un parell de joves, arribi a barallar-se d'aquesta manera a un lloc tan ple de gent.

13

La conversa transcendental de les nines

Avui, en Miquel puja al tren d'Inca amb la por ficada al cos i les cames que li fan figa.

Així com entra per la porta, en Miquel comença a inspeccionar si hi ha qualque lloc lliure on poder seure. Però, per desgràcia, la primera imatge que es fixa a la retina dels seus ulls no és precisament la d'un seient buit on poder seure, sinó, que el primer que veu en Miquel, és com el seu terrible malson s'ha fet realitat. Asseguts un devora l'altre, en un extrem del vagó, el pobre Miquel localitza al goril·la que ahir li va pegar una bona pallissa i al seu *primo*. Que per cert, vesteix el mateix xandall blanc dels baixos bruts que duia ahir. L'instint natural de supervivència, l'impulsa a recular cap a la porta per sortir d'allà el més aviat possible. Però, això no serà possible. El tren ja ha començat a caminar i les portes s'han tancat automàticament darrera seu. Se sent atrapat. Ara resulta que, d'una manera totalment irremeiable i inesperada, es troba tancat amb els seus agressors dins una gàbia. Una gàbia de vidre i metall de la qual, fins que la locomotora que l'estira no arribi a la següent estació, no en podrà sortir. Té tanta por que tem tornar-se a pixar a sobre.

En Miquel no sap durant quan de temps la por l'ha tengut paralitzat. Afortunadament però, una vegada ha passat aquest primer instant de pànic, la poca mollera del seu cervell torna a racionalitzar les seves pobres idees, permetent-li així, adonar-se que la sort encara està del seu costat. La sort consisteix, aquest pic, en que aquell parell de bàrbars encara no s'han adonat que ell ha pujat al tren. Ha d'anar viu i aprofitar aquest fet. Ha de mirar de baratar de vagó abans que un d'aquells dos animals el vegi. Ràpidament i mirant de no cridar massa l'atenció, es dirigeix cap a la porta que separa els dos vagons del comboi per passar-ne al següent. Pitja el botó per obrir la porta i, quan està a punt de travessar-la, sent un crit que li gela la sang.

-*¡Ey campeón! ¿Te acuerdas de mi y de mi primo?* -Li crida el goril·la que s'havia aixecat dret i l'estava tornant a apuntar amb el seu enorme i amenaçador dit índex. -*Esperame fuera cuando lleguemos a Palma. Es que quiero invitarte a tomar otra cerveza, y de paso, cagarme en tus muertos ¿Me oyes tonto del culo?*

-*¡No te vayas corriendo comemierda, que aún va a ser peor!* -Afegeix el del xandall blanc que, pel contrari, continua assegut i no pareix que vulgui moure-se.

Està més clar que l'aigua que la poca sort que li quedava l'acaba d'abandonar de cop. Tal com si fos una estàtua de sal, en Miquel es torna a quedar paralitzat i nota com li comencen a tremolar les cames una altra vegada.

Automàticament, passats uns segons, la porta que separa els dos vagons es torna a tancar amb el seu renou pneumàtic. Abans que aquest renou cesi, en Miquel torna a pitjar el botó quatre o cinc vegades fins que es torna a obrir la porta. Però, enlloc de fugir d'allà més aviat que de presa, es gira cap a ells dos i els respon amb una mirada desafiant. Més bé, més que desafiant, és una mirada carregada d'odi, d'un odi assassí.

Dins aquest altre vagó del comboi, hi ha un únic lloc lliure. En Miquel el localitza de seguida i es dirigeix ràpidament cap a ell. És un seient que, per sort, li permet controlar la porta per on ell ha passat d'un vagó a l'altre. En Miquel està tan acollonit que no deixa de mirar-la. Té por que aquells dos escorxadors decideixin seguir-lo i, venguin fins aquí, per tornar-li a tocar els morros. El fet d'estar a un lloc públic i ple de gent no els va aturar ahir, i no creu, que els aturi avui. Ara mateix, la camisa no li toca la pell i el cor li batega a més de mil per hora.

Passats uns minuts, veient que la porta no s'ha tornat a obrir, en Miquel dedueix que els dos galls de brega no es molestaran a seguir-lo i el deixaran, per ara, tranquil. Intenta relaxar-se, però, l'amenaça que l'esperaran a la sortida, no li permet aconseguir-ho de cap de les maneres.

Entre neguit i neguit, en Miquel recorda com va acabar ahir l'enfrontament amb aquells dos energúmens. Després de colpejar-lo de mala manera i escopir-li repetides vegades a la cara, el varen deixar allà tirat enterra com si fos una llosca. Ara, pensant-ho fredament, encara troba que va tenir sort que s'estimassin més tirar-li una llauna de cervesa per sobre, enlloc de, rematar-lo a cosses quan estava indefens a terra. Per ventura, avui no tendrà tanta sort. I si espera que el guarda de seguretat l'ajudi, va ben arreglat. Perquè ahir, fins que tot no va haver acabat, no se li va veure ni el pèl. Sempre li quedarà el dubte de si, realment no se'n va donar compte de res o es va estimar més esperar que tot hagués acabat. No fos, que també n'hi hagués per a ell.

Només, quan els dos salvatges es varen haver cansat d'abusar d'ell i, en Miquel ja estava enterra plorant i lamentant-se de la seva mala sort, va ser quan va arribar un dels guardes de seguretat dels serveis ferroviaris. El guarda el va ajudar a aixecar-se mentre li demanava, un pic i un altre, què havia passat. En Miquel, que just just podia respirar, no gosava contestar i no s'aturava de plorar. Li anava just fer el gest d'allargar la mà perquè el guarda l'ajudàs a incorporar-se. Tot i així, el molt pardal no deixava d'insistir amb la mateixa pregunta. Però, en Miquel seguia sense articular cap paraula. No va ser, fins que en Miquel va estar dret i el bàmbol del guarda va poder veure que el pobre s'havia compixat a damunt, quan per fi, va deixar d'insistir amb les seves preguntes, i simplement, el va acompanyar fins als servicis perquè pogués netejar-se un poc.

Al mirall del bany públic de l'estació, una vegada recuperat l'alè, en Miquel va poder veure l'estampa que oferia la seva trista cara, totalment desencaixada i amb els ulls inflats d'haver plorat. En aquell moment, mentre, ajuntant les mans formant una espècie de copinya, es tirava aigua per la cara, va decidir que, sense cap dubte, no podia anar amb aquelles lamentables condicions a fer feina a l'oficina. Es va mirar ben mirat al mirall i va veure que anava brut i ple de merda de dalt a baix. La seva roba devia haver agafat tota la brutor que hi havia al terra de l'andana de l'estació. De la seva cara, encara es netejava la saliva fastigosa de les escopinades d'aquells dos porcs. Els seus cabells estaven remulls de la maleïda cervesa, en el fons culpable inherent del conflicte, i que aquell tarat li havia vessat per damunt del cap. Però, el que més lamentava era que la seva cuixa estava totalment banyada per un líquid calent que l'omplia d'un turmentat sentiment de vergonya. Seria millor que telefonàs a l'oficina i digués que no es trobava bé. Una excusa en el fons. Però, també, una veritat com un temple.

Vet aquí idò, que una vegada es va haver tranquil·litzat un poc més i es va haver mitjanament netejat, va agrair-li l'ajuda oferta al guarda de seguretat, que no havia tornat a obrir la boca de llavors ençà, i es va dirigir un altre cop cap a l'andana de l'estació. Es va asseure al primer banc que va trobar i, més brut que si l'haguessin tret del cul d'una gallina, es va posar a esperar que sortís el següent tren cap al seu poble.

Per suposat, el primer que va fer en Miquel quan va arribar a ca seva, va ser donar-se una bona dutxa, per veure si així, es llevava de sobre tota la merda que duia aferrada al damunt. Es va ensabonar ben ensabonat i va estar-se més de mitja hora de rellotge davall l'aigua, fregant-se ben fort amb l'esponja, amb les mans, i fins i tot, amb les ungles. Amb aquelles fregades, no sols volia llevar-se de sobre tota aquella fastigosa brutor, sinó que també, fregava per veure si així, també aconseguiria llevar-se aquell sentiment de ràbia que l'estava rovegant per dintre. Poc després, al mateix temps que ficava la roba bruta dins la rentadora, tot i que, va estar temptat de tirar-la directament al fems, va telefonar a l'oficina per informar-los que no és trobava bé i que no aniria avui, per ahir, a treballar. Com que no havia preparat l'excusa que volia posar, quan la telefonista va respondre a l'altre costat de l'auricular, en un primer instant, no va sabre que inventar-se. Per tant, va dir-li el primer que, en aquell compromès moment, li va passar pel cap. Va acabar embolicant-se que tenia una mal de ventrada terrible, que havia anat tot el vespre de caguetes, que li semblava que acabaria cagant l'ós del front i que no podia ni aixecar-se de la tassa de l'excusat. Segurament, si abans s'ho hagués preparat un poc més bé, no hagués posat una excusa tan vulgar. Amb tota seguretat, els seus estimats companys de l'oficina es varen passar tota la jornada laboral fent acudits de tasses de vàter i caguetes.

Així, va ser ahir el dematí del pobre Miquel, i avui, amb l'amenaça d'aquells dos animalots, el dia no ha començat gaire millor que ahir. Per afegitó, amb el canvi de vagó i de seient, s'ha anat a seure devora un parell de nines d'aquestes que semblen mitges pomes, i que a sobre, estan amb aquella edat en que les hormones de la pubertat les fan tornar encara un poc més beneites. I com que, a més, es creuen ser el centre de l'univers es poden permetre xerrar tan fort com elles vulguin, encara que per això, hagin de molestar a tot un vagó de tren i a part de l'altre. En Miquel intenta no escoltar-les, però, és impossible. És impossible no sentir les seves xorrades, com també ho és, no sentir aquella espècie de cants de gallina escanyada que anomenen música, i que, sense cap consideració per la resta de passatgers, posen a tot volum al mòbil. En

Miquel es demana si ja no deu susar dur els auriculars a les orelles, com feia ell a la seva edat, amb el *Walkman*.

-Ayer vi al Javi en el Messenger i me dijo: «Hola guapi :-)».

-¿Qué Javi? ¿El rubio de rastas i con un piercing en la ceja que vive en tu bloque?

-¡Sí! El hermano de la Toñi.

-Està muy bueno el cabrito. Pero, se lo tiene muy creído. A mi novio no le cae bien. Dice que es un falso y que no te puedes fiar de él.

-Yo también creo que es un falso. Estoy segura que, si me saludó, fué sólo para preguntarme por la Jenny. Mi compañera de classe.

-Yo con la Jenny ya no me hablo. El mes pasado intento enrollarse com ni ex cuando aún salíamos juntos. Me lo contó la Mari. Si los llego a ver juntos la mato, i luego, le arranco los pelos con estas manos.

-La Mari es de fiar. Yo creo que al Javi le mola la Jenny, y por eso, me saludo por el Messenger. Como somos amigas. A mi no me gusta el Javi. Es un chulito.

-Mi novio dice que un día le arrancará la cabeza. Yo si lo veo, sólo le saludo porque es amigo de mi hermano y van juntos a clase.

-A mi el que me gusta es su primo, el Richard. Tiene un culo que se lo comería. Ayer, hablé con el Javi sólo para poder quedar con el Richard. El domingo irán al Festival Park. La Jenny y yo nos pasaremos por allí ¿Te vienes?

-*¡Vale! Pero, que no se entere mi novio. Y a la Jenny, ni la voy a saludar.*

-*¡Vale! El sabado conéctate al Messenger y quedamos.*

-*Yo siempre estoy conectada los sabados. A no ser, que me esté liando con mi novio.*

-*¡Eres una guarra!*

-*Y tú, una golfa que se dejaría magrear por un mono.*

-*¡No te pases!*

-*Acaso, no parecía un mono peludo el último que te liaste en la fiesta de Marcos. Te metía cada meneo el nota.*

-*Es que ese día, yo iba un poco pedo.*

El tren arriba a l'estació de la Verge de Lluc i les dues nines, agafant les seves bosses i sense haver deixat de cotorrejar ni per un segon, s'aixequen per baixar-hi. Segurament, deuen estudiar a l'institut que hi ha per allà aprop. Ja és mala sort que vulguin baixar aquí. Ara, en Miquel no podrà sabre com acaba aquesta conversa tan transcendental pel futur de la humanitat que estaven mantenint aquestes dues grans il·lustrades. Quan per fi les dues nines baixen del tren, s'observa, a la cara de la resta de passatgers, l'alleugeriment que senten al poder recuperar, un altre cop, el silenci perdut. L'altre home, que compartia seient amb en Miquel i aquells dos incordis de nines, pega una tremenda bufada en senyal d'aquest alleugeriment. Aquest mateix home, estira un poc les cames, es col·loca un poc millor al seient, tanca els ulls i

137

prova de dormir una estoneta abans d'arribar a Ciutat. Quina tranquil·litat que es respira ara al vagó.

En Miquel, recordant el motiu que l'ha duit a canviar de vagó, veu com, sense poder fer res per evitar-ho, el tren s'està acostant de cada vegada més a la darrera estació. És com si, dins el seu turmentat cap, es reproduïssin les imatges d'una pel·lícula d'acció, on el vehicle de torn està a punt d'estavellar-se contra un terrible obstacle i, alternativament, es mostren imatges del vehicle i de l'obstacle, fins que finalment, s'estavella o es salva en el darrer instant. Dins el seu cap, no deixa de veure la imatge d'aquell dit, enorme i amenaçador, que li diu que l'esperi al baixar del tren i que no provi de fugir, que encara serà pitjor. La por s'està tornant a apoderar del seu cos. Els seus ulls tornen a revisar, un pic i un altre, la porta per on ell ha passat d'un vagó a l'altre del comboi. El seu cervell només rumia com pot sortir-ne viu d'aquesta, però, no troba la manera de fer-ho. Està clar que no pot optar per la velocitat de les seves tremoloses cames. No, perquè li hagin indicat explícitament que no corri, sinó, perquè ara mateix sembla que s'hagin tornat de gelatina. Però, tot i així, el que ara més l'està turmentant, no és sols la por que al baixar del tren li pugin pegar una altra pallissa, sinó, el fet que cada dematí pugui tornar a coincidir amb aquells dos salvatges. S'està plantejant no tornar a agafar pus mai més el tren i anar a la feina amb el seu cotxe. Així almenys, no coincidiria amb indesitjables ni hauria de seure devora cap torracollons durant el trajecte. Però, també li fot haver de sofrir, per culpa d'aquest dos energumens, els embossos que es formen cada dematí a l'autopista d'Inca. Per ventura, la solució passa per, cada dematí, provar d'agafar un tren abans. Sols seria posar el despertador vint minuts abans. Almenys així, evitaria que, un dia d'aquests, qualcun d'aquells dos sicaris l'acabi matant. També, amb un poc de sort, la gent tendrà un poc més de son, i per tant, no tendrà tantes ganes de xerrar ni de donar per cul a la resta de passatgers amb tanta xerrameca. Ara que, també fa pardal haver-se d'aixecar vint minuts més prest per culpa d'aquells dos trossos d'ase.

Mentre en Miquel rumia tot això, el tren ja ha avançat fins a la següent aturada. Ja sols en queden dues més abans d'arribar a la darrera i fatídica estació, on la seva sentència de mort, pareix que està més que escrita. Així com el tren tanca les portes i parteix cap a Ciutat, en Miquel, juntament amb els altres passatgers, veu com un pobre jove, tot i corre a manades desfetes, perd el tren i es queda allà dret veient com el tren s'allunya i intentant recuperar-se del seu gran, i alhora, insuficient esforç. En Miquel, dins la seva resignació, tot i que, en un principi li havia fet gràcia veure com un altre perdia el tren, ara, pensa que el pobre no sols ha perdut el tren que volia agafar, sinó que també, es perdrà l'espectacle de la seva imminent execució pública a l'estació de la plaça d'en Joanot Colom.

Per ventura, la solució d'avui, passa precisament en fer com aquest jove i no arribar, al mateix temps que els seus dos botxins, a la plaça d'en Joanot Colom. La solució passa per, simplement, baixar una estació abans i anar caminant fins a l'oficina. Fins i tot, si fa una mica de voltera, no té ni perquè trepitjar la plaça d'en Joanot Colom. Ja ho diuen que, les millors solucions, són precisament les solucions més senzilles.

Amb la tranquil·litat que dóna sabre que la teva vida encara no s'ha acabat, en Miquel, espera que el tren arribi a l'estació de Jacint Verdaguer, la penúltima estació. Segur que avui, aquells dos pobres imbècils, es quedaran esperant-lo amb un pam de nas. Al aturar-se el tren, en Miquel, que ja s'havia col·locat devora la porta de sortida, pitja el botó i espera, sense deixar de mirar la porta que separa els dos vagons, que s'obri la seva porta per sortir, el més aviat possible, d'aquella maleïda gàbia de metall. Una vegada ja es troba a defora i el tren ja ha començat a partir seguint el seu rutinari camí, s'atura uns segons per assegurar-se que a cap d'aquells dos animals no li hagi pegat per baixar darrera ell. Al veure que ha quedat tot sol a l'estació, el seu cos fa un gran alè i s'omple de felicitat.

En Miquel s'asseu a un banc per assaborir la seva recentment obtinguda llibertat, i allà, decideix que avui, després d'haver començat el dia d'aquesta manera tan lamentable i tenint en compte les poques ganes que li fa tornar a veure al seu estimat company Germán, tampoc val la pena fer l'esforç d'anar a treballar. Tanmateix, avui ja és divendres i segur que cap altre dels seus companys el trobarà a faltar. És millor tornar a agafar el tren cap a casa, una vegada allà, telefonar per dir que avui tampoc es troba bé, i s'ha acabat.

Mentre espera que passi, en direcció contrària, el tren que l'ha de tornar a ca seva, en Miquel no pot deixar de pensar en la ridícula situació que està vivint, i es demana, com és possible que se li hagi complicat la vida d'aquesta manera. Pensa que és de suma importància posar-hi remei, i que aquest remei, no pot esperar ni un dia més. Pel seu cap comença a engendrar-se un terrible sentiment d'odi. Un odi venjatiu cap a tothom, i en especial, cap a aquells dos salvatges que avui dematí, per segona vegada, l'han amenaçat i l'han humiliat, obligant-lo a tornar, un altre pic, cap a casa amb la cua entre les cames. En Miquel sap que, amb persones com aquestes, si es pot emprar el qualificatiu de persona per referir-se a aquests dos animals, provar de dialogar és perdre miserablement el temps. Per tant, per força la solució ha de passar per un mètode molt més dràstic i definitiu.

Demà, és dissabte i serà un bon dia per anar a visitar al seu cosí Tolo. La casa d'un policia segur que és un bon lloc per trobar la solució que ell necessita.

14

Molta feina i pocs doblers

Avui, en Pep puja al tren d'Inca amb les mans ficades dins les butxaques i cantussejant una cançó.

La cançó que canta en Pep en veu baixa, és una de les cançons que cantava la seva padrina quan feia randa. Una cançó que, ja de ben petit, sempre el va emocionar.

A la ciutat de Nàpols
hi ha una presó,
la vida mia.
Hi ha una presó,
la vida mia la vida amor.

Hi ha vint-i-nou presos
que canten la cançó,
la vida mia.
Que canten la cançó,
la vida mia la vida amor.

La dama està en finestra,
que escolta la cançó,
la vida mia.
Que escolta la cançó,
la vida mia la vida amor.

La seva padrina no va tenir la sort de poder aprendre a llegir i a escriure. Amb vuit o nou anys, ja l'havien posada a fer feina guardant endiots i poc després, sense tenir l'oportunitat d'anar a costureta, com en deien un temps, la varen llogar a una casa per servir a la senyora. Just just va poder aprendre a escriure el seu nom i poca cosa més, i no sempre, ho feia sense faltes d'ortografia. Però, el que sí va tenir la sort d'aprendre, va ser una infinitat de cançons, gloses i poesies de tot tipus. Per suposat, totes elles de memòria. Fos quina fos la feina que fes, la seva padrina sempre la feia cantant. Quan cuinava, cantava. Quan escurava, cantava. Quan planxava, cantava. Quan feia dissabte, cantava. El simple fet de ser capaç de transmetre, a les seves filles i als seus nets, tota aquesta tradició oral, apresa al llarg de tants d'anys, sempre li va fer sentir-se molt orgullosa. Li hagués agradat molt tenir un nét que s'acabàs dedicant a la cançó. Però, tant en el cas d'en Pep, com en el de la seva germana, hagués estat un poc complicat dedicar-s'hi, ja que, cap dels dos té precisament la veu d'un Blavet de Lluc, sinó més bé, la d'un ase bramant.

Quan la padrina d'en Pep va arribar a una edat tan avançada que el sentit comú els deia que ja no podia viure tota sola, les seves filles, la mare i la padrina jove d'en Pep, la varen convèncer per anar a viure amb elles. Una temporada a la casa d'una i una temporada a la casa de l'altra. Va ser llavors, quan en Pep, va poder compartir un poc més de temps amb la seva padrina, i conèixer-la així, un poc millor. Tot i que la doneta era ja molt vella, no havia perdut encara l'humor i mantenia la costum de cantar una cançó darrera l'altra. Sorpresos per la infinita quantitat de cançons que coneixia, la seva germana i ell es varen entretenir, a posar en negre sobre blanc, tot un recull d'aquestes cançons, gloses i poesies que ella els anava recitant, tota orgullosa, un dia darrera l'altre.

Ahir, després de molt de temps, massa segons sa mare, en Pep va anar a visitar als seus pares. Amb un cafetet a les mans, sa mare i ell, varen estar recordant el temps en que la seva padrina, tot i no aixecar-se ja del sofà més que per anar al bany, es passava el dia cantant i omplint la casa d'alegria. Xerrant xerrant, a en Pep se li va ocorre mirar si trobava els quaderns on, la seva germana i ell, havien escrit aquell hermós tresor oral. Els va trobar talment com els havien deixat el dia que la seva padrina va deixar, per sempre més, de cantar. Com que ara, disposa de més temps lliure del que disposava per aquella època, en la que estudiava i treballava al mateix temps, va pensar que seria un bon moment per mirar de passar totes aquelles entranyables cançons dels quaderns a l'ordinador. Fins i tot, li va comentar a sa mare que, per ventura, provaria d'editar-los. Segurament, sols es tracta d'amor de nét, però, en Pep troba que totes aquelles cançons que cantava la seva padrina, a part de ser precioses, han de tenir un valor cultural immens. Però, pensant-ho bé, en Pep no té ni la més mínima idea de com fer-ho per publicar un llibre. No coneix a ningú que n'hagi publicat cap mai.

Una vegada ja és dedins, i amb el tren continuant el seu camí cap a Ciutat, en Pep continua cantussejant la mateixa cançó.

> Els presos se'n temeren
> ja no cantaren, no,
> la vida mia.
> Ja no cantaren, no,
> la vida mia la vida amor.
>
> -Perquè no cantau, presos?
> Perquè no cantau, no,
> la vida mia.
> Perquè no cantau, no,
> la vida mia la vida amor.
>
> -Com vol que cantem, senyora,
> tancats dins la presó?
> la vida mia.
> Tancats dins la presó,
> la vida mia la vida amor.

Mentre canta, sense importar-li gaire si desafina poc o molt, en Pep revisa si queda qualque seient lliure on poder seure. En un primer instant no en localitza cap. Però, al poc temps d'estar dret veu una cara coneguda, arrugada com una pansa, que amb la seva artrítica mà li fa senyes perquè vagi fins allà a seure.

En Pep, tot xalest i innocent, es dirigeix cap allà abans que un altre passatger li prengui el lloc. Aquella entranyable doneta l'està esperant amb un somriure d'orella a orella. O s'alegra molt de tornar-lo a veure o, aquell dimoni disfressat de velleta, n'està tramant qualcuna de bona. Precisament ahir, en Pep i n'Elionor, no sols varen coincidir al baixar del tren, quan es va produir aquell patètic incident a l'andana de l'estació, sinó que també, al tornar en Pep de berenar amb na Maria i en Macià, va veure com la velleta i el seu carretó estaven entrant a la sucursal per treure doblers, coincidint així, per segona vegada aquell dia amb la velleta. Mira per on, aquell cosset va resultar ser una clienta de la nova sucursal d'en Pep. I com no podia ser d'altra manera, una de les clientes més antigues de la sucursal.

L'annerot d'en Pep, una vegada arriba al lloc que li estava guardant la velleta, després d'haver hagut d'esquivar a dues dones que xafardejaven al ben mig del passadís i que no semblava que volguessin deixar-lo passar, s'hi asseu de seguida i, sense adonar-se de qui està asseguda al seu devora, intenta saludar a la velleta pronunciant alguna de les seves típiques collonades. Però, abans que pugui obrir la boca i segurament cagar-la, n'Elionor, dirigint-se a l'al·lota que hi ha asseguda just devora seu, l'interromp dient:

-Mira Paula! Aquest és el jove tan agut de qui t'estava parlant.

En Pep no es pot creure que anàs tan despistat que no hagués vist que se seia al costat de l'hermosa Paula. Però, realment el que el deixa al·lucinat, és com s'ho ha engirgolat el dimoni vell de n'Elionor, perquè ell, segués devora na Paula. Té a na Paula tan aprop i tan de sobte que no s'ho pot ni creure. Se'n fa creus de les habilitats que, com si fos ben bé la «*Celestina*» d'en Fernando de Rojas, ha tengut n'Elionor per apropar-los. Aquesta situació el té ben sorprès, i se sent, molt i molt empegueït, tant, que és incapaç de pronunciar cap paraula. Per sort,

146

n'Elionor ho té tot previst i és ella qui dirigeix la conversa. Sap més el dimoni per vell que per dimoni.

-Idò, com t'anava contant, ahir, quan vàrem baixar d'aquest mateix tren, ens vàrem trobar amb dos grosserots que s'estaven insultant i cridant com si haguessin perdut el boll. Idò, aquí on el veus, en Pep, demostrant que és molt viu i molt valent, i veient el que, sense cap dubte, faria la gent si aquells dos grollerots començaven a ventar-se, em va agafar pel braç i em va dur fins a un lloc segur. I ja ho crec, que es varen pegar de tocs aquells dos borinots! I ja ho crec, que la gent va començar a córrer com si duguessin foc a les sabates! I és clar, ningú s'entretenia a mirar si podien tomar, o no, a una pobra velleta com jo. Però, en Pep em tenia ben agafada i no va deixar que ningú em copejàs. El carretó sí que m'ho varen tomar. Però, a mi, ni un pèl em varen tocar!

-Quina sort que va tenir vostè d'haver-se trobat amb en Pep! Si l'haguessin tomada, li haguessin pogut fer molt de mal.

Diu na Paula amb un to de veu massa eloqüent per ser una alabança sincera cap a en Pep, i massa seriosa, per estar-se fotent de la pobra Elionor. Ara que, amb independència del to de veu emprat i de la intenció del mateix, a en Pep li sembla meravellós haver sentit el seu nom de la boca de l'hermosa Paula. A més, li sembla que na Paula té, sense cap dubte, la veu més dolça que ha sentit mai. Està convençut que, tal i com el cant de les Sirenes va ser una perdició pels navegants grecs, aquesta veu, acabarà sent la seva perdició.

-Idò sí! Va ser una gran sort! Però, la sort és que ell sigui un jove tan agut. Perquè, un altre, enlloc de preocupar-se per una pobra vella ronyosa com jo, hagués partit corrent, cametes perquè vos vull, com feia la resta de passatgers.

Ara mateix, en Pep sols està tan pendent dels gestos de na Paula. Està tan enlluernat pel seu somriure i per la perfecció dels seus llavis que ja no fa gaire cas de les paraules de n'Elionor. El fascina veure com mou els seus llavis, fins i delicats, i com just just, mostra les dents quan xerra, i també, com marca el clotet de les galtes quan somriu. Cada un dels seus gestos és hermós i refinat. Com tot el seu cos, hermós i delicat.

-A més, en Pep no és un noningú. En Pep és tot un director de banc. -Menteix conscientment n'Elionor. Si en Pep fos el director, segurament ahir no l'hagués atesa ell directament, i per suposat, la seva taula estaria dedins del despatx del director i no defora.

-Subdirector! -Rectifica en Pep. -Per ser director encara em falta molt.

-Idò, ja t'hi podrien fer! I de pas, treure defora a aquell mal xerrat d'en Felip. -Queda en evidència que ella sabia perfectament que en Pep no era el director.

-En Felip és molt bona persona. -Li respon en Pep mentre, mentalment, compara al mal xerrat d'en Felip amb el fill de puta malsofrit de don Toni. -Si se'l coneix un poc, tot d'una es veu que és un troç de pa.

-Segur que és un troç de pa. Però, no deixa de ser un grosserot i un pocavergonya. -Insisteix n'Elionor un poc irritada. -En canvi en Pep, en Pep és un Sol. -Continua dient, endolcint un poc la veu i dirigint-se a na Paula. -Quan em va veure, va deixar de fer tot d'una el que estava fent i, fent el Toni, em va deixar passar davant de l'altra gent. -Això torna a ser una altra mentida. Però, segurament n'Elionor deu trobar que la seva història queda millor contada així. -I llavors, em va atendre amb una amabilitat que ja voldrien moltes princeses. Semblava com si tots el doblers que hi ha a la sucursal els haguéssim ingressat el meu difunt marit i jo.

La història que conta n'Elionor, i sobre tot, la forma de contar-la, és un poc exagerada, i segurament, contada per una altra persona hagués resultat ridícula i empallegosa. Però, ella li sap donar un toc alegre que la fa fins i tot interessant. L'home que hi ha assegut amb ells, ja fa estona que ha deixat de llegir el llibre que llegia. No pot evitar parar l'orella i escoltar-la. Amb la ximpleria, la molt pilla de n'Elionor està aconseguint el seu objectiu. Ja fa dues o tres vegades que na Paula es gira cap a en Pep i li somriu. Un somriure fascinador que, ara mateix, està provocant una preocupant acceleració en el ritme dels batecs del cor del pobre Pep. Un cor que, sense adonar-se, li estan robant poc a poc.

-Ara que hi pens! -Segueix dient n'Elionor que, segons sembla, està a punt d'amollar la traca final. -En Pep, que és tot un galant, sempre que coincidim dins el tren o a l'estació, insisteix en convidar-me a fer un cafè. Però, jo fins ara, sempre he tengut moltes feines i mai m'ha acabat d'anar bé anar-hi. Però, ara trob que...

N'Elionor fa una petita pausa, creant així, un petit ambient de suspens. Tot seguit, apareix un clar somriure de bruixa maliciosa dibuixat a la seva cara.

-Estaria molt bé Pep, que tu, un jove valent i agut, enlloc de convidar-me a mi, una vella lletja com un pecat, la convidassis a ella, una nina dolça com la mel. Segur, que na Paula estaria encantada i no et sabria dir que no.

Aquestes malintencionades paraules de la bruixa de n'Elionor van provocar que, tant en Pep com na Paula, es posassin vermells com a tomàtigues madures. Estava clar com l'aigua, el que sentia cada un d'ells envers a l'altre. Al mateix temps, l'home que, impassible, havia estat escoltant la surrealista conversa, o més ben dit, el monòleg de n'Elionor, s'aixeca sense poder aguantar-se les rialles i, mirant de coa d'ull a en Pep, li diu:

-Nin, no ets pots queixar. T'ho estan posant a ou.

N'Elionor somriu pel comentari d'aquell home i, com si no fos conscient del compromís en que acaba d'enredar a la innocent parelleta, aixeca una altra vegada la seva artrítica mà i crida a un conegut seu que acaba de veure. Donant així, per conclosa la seva estratagema.

-Tomeu! Vine fins aquí a seure amb nosaltres. Aquí hi ha un lloc lliure.

En Tomeu és un negre rabassut, segurament d'origen africà, que deu fer quasi dos metres d'alçada i que pot presumir d'una musculatura impressionant. Un troç d'home d'aquests que, si hagués una discussió o una brega, t'estimaries més tenir-lo del teu costat.

-Què! Com et va la feina amb el meu nebot? -Li demana n'Elionor una vegada que en Tomeu s'ha assegut.

En Tomeu va vestit amb un uniforme verd, per suposat de talla XXL, que sembla d'una empresa de jardineria o similar. És difícil imaginar, a aquell Tita de braços gruixats i mans enormes, sembrant petites i delicades floretes dins un jardí. És més fàcil imaginar-s'ho arrabassant un arbre en les seves pròpies mans i sense l'ajuda de cap eina, sols, emprant la força dels seus músculs i sense fer gaire esforç. Tal com feia n'Arranca-pins, un personatge de les rondalles que li contava son pare quan en Pep era petit.

-La feina em va molt bé! Moltes gràcies senyora Elionor per haver-me trobat aquesta feina amb el seu nebot. M'agrada molt fer de jardiner amb ell. I ell, també s'està portant molt bé amb jo.

Resulta del tot estrany veure a un negre, més negre que el carbó, xerrant un mallorquí tan clar. Se li nota l'accent, però, se l'entén perfectament. És com sentir a aquests venedors ambulants que es passegen per les places dels pobles i el primer que aprenen a dir en català és: «Bo i barato madona. Bon preu, bon preu». N'hi ha en canvi d'altres, massa per desgràcia, que fa més de vint anys, per no dir trenta o quaranta, que són a l'illa i no han tengut collons d'aprendre ni una paraula en mallorquí. Però, pitjor són encara, tots aquests mallorquins d'arrel que *«hablan el castellano porque hace bueno. Sabes que te quiero decir.»* No hi ha res més trist que avergonyir-te de la llengua que t'han ensenyat els teus pares i que ja xerraven els teus padrins.

-I, et dóna molta matraca el mitja punyeta del meu nebot? -Continua interessant-se n'Elionor per la feina d'en Tomeu. -Alerta amb ell! Encara que no faci l'alçada d'un ca assegut, té moltes males puces quan s'emprenya. -Bromeja n'Elionor. -I, en teniu molta de feina?

-Com deien a Sa Pobla, quan jo treballava a l'hort de l'amo en Guillem: «Molta feina i pocs doblers». Però, com va dir n'Etoo quan va fitxar pel Barça, jo he vengut, en el meu cas a Mallorca, per fer feina com un negre, i així, al tornar al meu país, poder viure com un blanc. Bromes a part, la meva dona vol que li digui que li està molt agraïda senyora Elionor.

La conversa d'en Tomeu, nom bastant estrany per un africà, i la senyora Elionor, com l'anomena aquest, es va dirigint cap a l'intranscendent món de l'horticultura i la floricultura. Però, na Paula i en Pep, ja fa una bona estona que no els escolten. Ells dos es dediquen més a fer-se, de tant en tant, curtes i furtives mirades. Acompanyant qualcuna d'aquestes mirades amb petits i tímids somriures. Somriures plens de missatges que fan que, na Paula i en Pep, estiguin mantenint una hermosa conversa sense haver de pronunciar cap paraula ninguna. Tot i que, no sembla que hi hagi cap dubte del que també sent na Paula per ell, a en Pep li recorr el cos un infantil sentiment de vergonya. Aquesta vergonya, no el deixa estar, tot el temps que ell voldria, mirant a l'hermosa Paula. Però, al mateix temps, quan no la mira, no pot evitar girar-se per comprovar si na Paula torna a somriure, o simplement, l'està tornant a mirar amb els seus preciosos ulls, brillants i bonics com autèntics diamants.

En una d'aquestes de, et mir i no et mir, en Pep veu com un pobre jovenet, tot i corre com un boix amb un pebre de cireta al cul, no aconsegueix pujar al tren abans que aquest tanqui les portes i parteixi. El que són les coses del destí, pensa en Pep. Si a ell li hagués passat com a aquest jove, ara no seuria devora l'hermosa Paula. Si na Paula hagués fet com ahir i no hagués agafat aquest mateix tren, ara ell no seuria devora l'hermosa Paula. Si la pobra Elionor no s'hagués trobat bé avui dematí per anar amb tren o, hagués decidit agafar-ne un altre o, no tengués la barra que té i no li hagués guardat un lloc devora ella, ara ell no seuria devora l'hermosa Paula. I així, tantes i tantes coses.

Per desgràcia, el tren que no hauria d'haver arribat mai a la darrera estació, ara mateix, està arribant irremeiablement a l'estació de la plaça d'en Joanot Colom i la gent, com no, es comença a aixecar per dirigir-se cap a les portes de sortida. Està arribant així, el final del moment màgic que ha estat vivint en Pep i que no voldria que acabàs mai. És una llàstima, però, tot moment màgic ha de tenir un final. Segurament, si no fos així, aquest mateix moment, a la llarga, deixaria de ser màgic i no podria ser, per tant, recordat com a tal. Na Paula, n'Elionor, en Tomeu i en Pep, una vegada el tren ja s'ha aturat i la gent ja ha començat a baixar, s'acomiaden per agafar, cada un, el seu camí. Aquest pic, serà na Paula qui acompanyarà a n'Elionor fins a la sortida. A en Pep li agradaria acomiadar-se de na Paula amb dues besades, i poder així, per una part, sentir el seu alè de ben aprop, i per l'altra, sentir els seus llavis, petits i sensuals, tocant la seva pell. Però, no gosa.

En Pep s'acomiada de tothom i es dirigeix cap a la sortida. Tanca els ulls, emet un profund sospir i continua cantussejant la cançó de la seva padrina, aquella que cantava quan ha entrat al tren.

-Ai, pare, lo meu pare,
jo li deman un do,
la vida mia.
Jo li deman un do,
la vida mia la vida amor

153

-Ma filla Margalida,
quin do vols que jo et do?
la vida mia.
Quin do vols que jo et do,
la vida mia la vida amor.

-Ai, pare, lo meu pare,
les claus de la presó,
la vida mia.
Les claus de la presó,
la vida mia la vida amor.

15

El sermó del predicador

Avui, en Miquel entra al tren d'Inca creuant els dits i amb l'esperança de, avui sí, trobar-se als seus dos nous amics.

Dissabte, en Miquel ja tenia clar com ho faria per arreglar els assumptes que tenia pendents amb aquells dos animals. Aquells dos animals que li havien estat amargant l'existència aquests darrers dies. També, tenia clar d'on trauria l'instrument que li permetria deixar aquests assumptes arreglats per sempre més. Així és, que a mitjan dematí, va anar a la botiga de la plaça del poble i va comprar dues capces de cerveses belgues, de les que li agraden al seu cosí Tolo. Després, va agafar el cotxe i va anar a visitar-lo a foravila. Al seu cosí, no és que li agradi gaire la pagesia, com per viure a una casa de camp. Però, el punyeter, enlloc de comprar-se un pis com va fer en Miquel, va tenir l'oportunitat de fer un poc d'obra a la caseta de foravila del seu padrí, que no està gaire lluny del poble. I ara, viu la mar de tranquil a un xaletet amb piscina, dues terrasses i un jardí amb una llimonera, d'on sol agafar les llimones per posar als gin-tònics.

Quan en Miquel va arribar al xaletet, el seu cosí, content de tornar-lo a veure, va agrair el detall i va agafar les cerveses per posar-les dedins la gelera que té devora el safareig, i així, més tard, trobar-les ben fresquetes. Fet això, li va dir a en Miquel que, si no havia duit cap banyador, anàs fins al seu armari i n'agafàs un.

En Miquel havia anat a visitar al seu cosí Tolo, policia de professió, amb un únic objectiu, aconseguir una arma de foc amb la qual poder executar els seus plans de venjança. I només arribar, el seu cosí, sense sabre-ho, li havia indicat el camí per aconseguir-la sense haver d'aixecar la llebre. En Miquel va fer veure que no havia pensat a dur el banyador i que, en un dia tan calorós, li feia moltes ganes pegar un capfico al safareig. Va anar a l'habitació d'en Tolo, i allà, va agafar dues coses. La primera cosa, va ser un dels horribles banyadors florejats del seu cosí. No es pot dir que en Tolo tengui un gust gaire refinat a l'hora d'escollir la seva roba. Sempre compra una roba tan estampada i de colors tan llampants que quasi et fa vergonya anar amb ell pel carrer. La segona cosa que va agafar, va ser el revòlver que el seu cosí amaga al calaix del comodí. Ja que hi era, també va agafar un poc de munició de la capça que hi havia just al seu devora. Des de fa ja un grapat d'anys, fins i tot, abans de ficar-se a policia, en Tolo guarda un revòlver dins el comodí del seu llit. Fet, que en Miquel coneixia des de fa temps. També, deu fer molt de temps que ningú obri aquell mateix calaix i, amb tota seguretat, fins que ell no hagi executat el seu malèfic pla, ningú no se'n temerà que li ha pres l'arma.

Una vegada aconseguit el seu objectiu, en Miquel es va relaxar, i simplement, es va dedicar a gaudir de la resta d'aquell fantàstic i solejat dia. Va nedar al safareig. Va prendre el Sol. Va conversar tranquil·lament amb en Tolo i amb la seva dona, com si res del que havia vengut a fer, tengués la menor importància. Va jugar dins el safareig amb els fills del seu cosí. I a la llarga, va acabar agafant mig pedal amb aquelles cerveses belgues, tan bones i fresquetes, i amb la botella de vi de Divins, un vi esplèndid que fa el germà d'una amiga d'en Tolo, i que ell, havia tret per dinar. Quan es va acomiadar del seu cosí i de la seva família, ningú sospitava res.

El diumenge, en Miquel no va sortir de ca seva per res, ni tan sols es va prendre la molèstia de vestir-se. De cap a cap de dia, es va passejar amb el pijama posat. Ara que, més que passejar-se, el que va fer realment, va ser estar tot el dia ajagudot al sofà mirant la televisió. Va mirar les curses de motos, on els pilots catalans van guanyar a 125 cc. i a Moto GP. Va escoltar l'informatiu, on la primera i única notícia bona, els avanços en la investigació d'un tipus de càncer concret, va arribar quan quasi ja havia acabat l'informatiu. La majoria de notícies dels informatius d'avui en dia es poden dividir en tres grans blocs: política, desgràcies humanes i naturals, i el bloc per excel·lència, el futbol. El tractament d'altres notícies és quasi anecdòtic. També, va tornar mirar, per enèsima vegada, la pel·lícula «Els dotze del patíbul» que tornaven a emetre per IB3. Els diumenges a l'horabaixa, sempre que qualque canal n'emeti qualcuna, a en Miquel li agrada mirar una pel·lícula antiga. Sobre tot, pel·lícules bèl·liques, i millor encara, si ja les ha vistes abans vàries vegades. Així, si pega qualque becada no perd el fil de la trama. D'aquesta infructuosa manera, una darrera l'altra, es va anar menjant cada una de les hores del diumenge, fins que, va arribar l'hora d'anar a sopar.

A l'hora de sopar, en Miquel, tornant-se a posar dins el paper de justicier venjatiu, es va aixecar per anar a cercar el revòlver que li havia manllevat al seu cosí i el va col·locar damunt la taula de la cuina. Volia observar-lo mentre sopava, i imaginar-se així, la reacció d'aquells dos caps de faves quan els estigués apuntant amb el canó d'una arma de foc. Per sopar, es va preparar un menjar lleuger que consistia en una pitera de pollastre torrada, treta del congelador al dematí per no haver-la de descongelar al microones, i una ensalada, d'aquestes que ja venen preparades dins una bossa i només s'hi ha d'afegir un poc d'oli, sal i vinagre. Tot just havent sopat, se'n va anar a dormir. Volia estar fresc i descansat per l'endemà al dematí. Es va col·locar ajagut d'esquena, amb les mans damunt la panxa i entrellaçant els dits d'ambdues mans. Semblava ben bé un vampir dins el seu taüt. Va tancar els ulls i, intentant no pensar en res, va esperar que la son vengués a visitar-lo.

Avui dematí, en Miquel s'ha aixecat un poc abans que sonàs el despertador. Segurament per l'ansietat. S'ha afaitat ben afaitat amb fulleta, fent-se un petit tall sense importància a la barra. Es deu pensar que li faran qualque foto per publicar als diaris i vol sortir-hi ben guapo. Després de pegar-se una bona dutxa, s'ha preparat un bon berenar. Un berenar de missatge compost per un cafè amb llet, una llesca de pa amb una tomàtiga de ramellet fregada, un poc d'oli i un poc d'embotit, una poma i mig plàtan, un suc de taronja de *tetra-brik*, i per acabar, un iogurt natural, d'aquests amb el pot de vidre. Una vegada ha berenat ben berenat i ha ficat els plats, tassons i coberts dins el renta-vaixelles, ha agafat el revòlver que encara estava damunt la taula de la cuina i s'ha assegurat, tal i com li va ensenyar el seu conco Simó, el pare d'en Tolo, que estava ben carregat i a punt per ser emprat. Tot estava a punt per posar en marxa els seus plans de venjança. Dins el seu cap, no existeix ni el més mínim rastre de dubte. Està convençut que vol dur a terme el seu terrible pla fins a la darrera de les conseqüències. Abans de sortir de ca seva, ha cercat una caçadora amb les butxaques suficientment amples com per permetre-li dur el revòlver sense que es noti que du una arma a sobre, i per també, poder-la treure ràpidament quan arribi el moment de passar factura als seus estimats amics. No s'ha aturat a pensar que, amb la calor que fa, resultarà un poc estrany veure a un home amb una caçadora passada.

Sense gens ni mica de por al cos i encoratjat pel que vol fer, ha procurat sortir prest de ca seva, i poder així, arribar a l'estació amb temps suficient per no perdre, precisament, el tren que ha agafat cada dematí. Només faltaria que, després de tants de preparatius, no agafàs el mateix tren que les seves futures víctimes, i llavors, hagués de passejar-se tot el dia amb la caçadora, el revòlver i un pam de nassos.

Just abans d'entrar al tren, en Miquel ha creuat els dits amb l'esperança que aquest gest li doni sort. Ara que ja està a dedins, veu que aquesta continua estant del seu costat. No sols ha tornat a agafar el mateix tren que aquells dos escarabats merders, sinó que també, han tornat a coincidir al mateix vagó del comboi. Ara, dins aquell vagó sinistre, l'altre dia gàbia de metall, a poc més de tres o quatre metres de distància d'aquells dos pardals assolellats, tranquil·lament assegut, amb la mà dreta subjectant l'arma dins la butxaca de la caçadora, repassant mentalment, tant les paraules que li vol dir a cada un d'ells, com el gest que ha de fer per treure l'arma correctament, en Miquel, espera que arribi el moment més adient per aixecar-se i encarar-se a aquells dos moneots. A la fi, està a punt de cobrar-se el seu deute.

Assegut, just davant seu, hi ha un d'aquests lectors de Bíblies que repassen, un pic i un altre, la paraula de Déu, i que de tant en tant, pugen al tren per veure si poden salvar a qualque anima esgarriada. Aquest d'avui, lleig com una rata d'albufera, s'ha deixat créixer uns mostatxos mig blancs i prims que, a part de fer-lo encara més lleig, li donen un aspecte del tot ridícul. A sobre, està sempre amb el somriure a la boca i amb una mirada que, no sap perquè ni com, però, a en Miquel l'està posant de cada vegada més nerviós. Mentre repassa la Bíblia, no deixa de mirar-lo fixament, i a més, ho fa amb uns ulls tan oberts que sembla que s'hagi fumat qualque cosa rara.

-*¡Buenos dias! Hace mucho calor. ¿Verdad?* -Li amolla de sobte l'individu mentre tanca el llibre, deixant un dit de la mà a dintre per no perdre el punt. El cara de rata, quan ha obert la boca, a part de mostrar un barram ben esportellat i tota una col·lecció de dents corcades, també, ha deixat escapar un alè que tira d'esquena.

-Sí. -Contesta en Miquel de la manera més seca possible, intentant no respirar gaire profundament i mirant-se al mateix temps la caçadora.

-*Tanto que no hay quien lo aguante. ¿Verdad?* -Replica el dels mostatxos, com si li hagessin donat peu per poder mantenir una conversa i sense adonar-se que, el que realment no es pot aguantar, és el seu alè pestilent.

-Sí. -Torna a contestar en Miquel encara més secament i pensant que tampoc no fa tanta calor. Ja no sap, si només vol tocar-li els collons, o és que també, se'n vol fotre d'ell per dur aquella caçadora a sobre.

-*Pero, más tuvo que sufrir Jesús nuestro senyor en la cruz. ¿Conoce usted la Bíblia?*

Amb aquesta afirmació tan rotunda i aquesta pregunta tan innocent, l'home de l'etern somriure, de l'alè de claveguera i dels ulls fora de les seves òrbites agafa envestida i, recitant-li diferents paràgrafs de la Bíblia, comença a xerrar-li de la paraula del Senyor, dels apòstols, dels pecats, dels miracles, de la vida eterna i de l'infern.

Però, així com surt el tema de l'infern i de l'eterna foguera, en Miquel s'aixeca com si dugués una molla aferrada al cul i, amb un to de veu molt agressiu, però, sense aixecar la veu ni dirigir-se a ningú en concret, exclama:

-Ara mateix, en conec a un que vol comprar-se un bitllet d'anada per anar a l'infern, i serà un miracle, si aquells dos fills de puta en surten vius d'aquesta.

Dit això, en Miquel, amb un moviment ràpid i assajat, treu el revòlver de la butxaca i, amb quatre passes llargues, es col·loca just davant d'aquells dos bàmbols. Tot seguit, abans que cap dels dos tengui temps de reaccionar, tot i que, igual que si fos en Robert de Niro a «Taxi driver», tenia tot un discurs preparat que ja no pronunciarà, efectua un primer dispar al mateix temps que crida:

-Fills de puta! Ara sabreu qui som jo! Vos mataré!

El tir s'estavella al seient on seu el goril·la que li va pegar la genollada al ventre, just devora del lòbul de la seva orella esquerra, entre el seu cap i el del seu *primo*. Però, el projectil no el fer, ni tans sols el frega. Dins el recinte tancat que forma el vagó del tren, el renou del tir, un tro terrible i ensordidor, ha sonat molt més fort del que en Miquel s'imaginava. Degut a aquest horrible soroll i als crits d'en Miquel, qui més qui manco està espantat i més d'un ja ha començat a cridar de por. Però, en Miquel no és conscient d'aquest fet. Ell no escolta ni veu a ningú. Ell només veu a aquells dos llimacs repugnants, a aquells dos mal-bitxos que ha vengut a matar. De la mateixa manera que ha vist que amb el seu dispar no ha tengut la fortuna de ferir a cap dels seus dos objectius, també veu que, el que ha rebut el tir just a devora el cap s'està pixant a sobre, i que l'altre, s'ha posat a plorar com una nina i no deixa de girar la cara cap a la finestra, com si volgués sortir per allà o no volgués veure el que està passant. Tant un com l'altre, abans de rebre el tir, estaven mig adormissats, però ara, el que estan és, glaçats, paralitzats, immòbils als seus seients com estàtues de sal, totalment incapaços de reaccionar.

Mentre es prepara per fer un segon dispar, en Miquel somriu i, durant unes dècimes de segon, es recrea veient com la por recorr el cos dels seus nous amiguets. Està segur que, aquest pic, encertarà de ple. Però, de sobte, just abans de prémer el gallet per fer aquest nou dispar, una al·lota, en un acte d'irresponsabilitat total, es posa just al seu davant provant d'impedir que torni a disparar. Mentre l'increpa, fent que no amb el dit, la jove aconsegueix cobrir amb el seu petit cos la trajectòria que hi ha entre en Miquel i la que hagués pogut ser la primera de les seves víctimes. Amb el seu delicat i indefens cos, l'al·lota vol protegir al jove que ha rebut el primer dispar, i que amb tota seguretat, hagués rebut també el segon. En Miquel no pot entendre que qualcú vulgui ficar-se pel mig. És una cosa entre ell i aquells dos cagats. Quan era ell el qui estava enterra plorant, no va venir ningú en el seu auxili, ni tampoc, no es va posar ningú al davant per aturar les escopinades que li tiraven a la cara. Convençut de seguir endavant, siguin quines siguin les conseqüències, mou lleugerament la mà amb la qual subjecta el revòlver, apunta a l'altre objectiu, i torna a prémer el gallet.

-Idò! Moriràs tu primer. Desgraciat! -Crida en Miquel amb tanta força que, al cridar, com si es tractàs d'un ca rabiós, li surt disparada la saliva de la boca en forma de perdigons.

Es torna a sentir, dins aquell mateix vagó del tren, un altre tro ensordidor. Un renou terrible que alimenta, encara un poc més, el pànic que cova dins el cos atemorit de la resta de passatgers. Aquest pic, la bala travessa el vidre de la finestra, fent que aquest, esclati en mil bocins a la cara del *primo*, aquell que el va esquitar quan va obrir la llauna de cervesa. La intervenció d'aquella al·lota, o la mala punteria d'en Miquel, els ha salvat la vida. El pobre *primo*, que fins al moment no havia deixat de plorar, al sentir l'impacte de tots aquells vidres a la cara, s'atura de cop de plorar, per després, posar-se a cridar envaït pel pànic. En Miquel ha tornat a errar el tir.

En Miquel no se'n pot avenir. No pot ser que aquells dos en surtin vius d'aquesta. S'ha de fer justícia. En Miquel té set de venjança i, el pànic i la por que ja els hi ha fet sentir, no és encara abastament per calmar-la. Tot l'odi que ha anat acumulant aquest dies li diu que és necessari que corri la sang per poder quedar satisfet. Ràpidament, torna a preparar l'arma. Però, abans que pugui pegar un tercer tir, darrera seu compareix un home de color, molt més gran i corpulent que ell, que sense pensar-s'ho dos pics, se li tira al damunt. Tot seguit, cauen tots dos a terra, colpejant-se l'home de color la cara contra un seient. Per l'expressió de la seva pobra cara al colpejar-se, es deu haver fet un mal terrible. No seria d'estranyar que hagués perdut qualque dent, o que fins i tot, s'hagués trencat la mandíbula. En Miquel ha subjectat ben fort l'arma i, tot i caure a terra, encara té el revòlver en les seves mans. Al mateix temps, un tercer home ha apartat a la jove que inconscientment s'havia posat pel mig. La seva intenció és, per una part, protegir-la, i per l'altra, poder-se llançar també damunt en Miquel i provar de llevar-li l'arma. Just abans però, en Miquel, ple d'adrenalina a vessar, pega una colzada a la dolorida cara de l'home de color, que en el petit interval d'uns segons ja ha rebut dos cops seguits a la cara, aconseguint així, l'espai suficient per efectuar un altre dispar abans que l'altre home li caigui al damunt.

-Deixau-me que els mati! -Implora cridant en Miquel just abans de disparar.

A diferència dels altres, aquest tercer dispar no sona tan fort com els dos primers. Aquest ha sonat com a ofegat. Ha sonat com a les pel·lícules de cinema negre, quan posen un coixí davant el canó de l'arma perquè el dispar no faci soroll. Poc després, a terra, en Miquel nota com un liquid calent i vermell li està banyant el braç. És sang. Però, no deu ser seva. Ell no sent gens ni mica de dolor. Dedueix que, sense voler, acaba de ferir a l'home que venia a llançar-se damunt ell. El mira a la cara, immòbil i desencaixada pel dolor, i veu que no es mou. En Miquel pensa que l'ha mort. Està horroritzat pel que acaba de fer. Es demana com pot ser possible que hagi acabat matant a un home innocent. Un pobre home que s'ha ficat on no el demanaven. Però, innocent. És un assassí. Un patètic i maleït assassí.

En aquest precís instant el tren arriba a l'estació de la plaça d'en Joanot Colom i s'atura. Amb un dels seus dos atacants aparentment mort i l'altre amb la cara tota dolorida, en Miquel no té cap problema per tornar-se a incorporar. Però, just abans de sortir corrensos del vagó, nota que qualcú li està subjectant la cama dels calçons. És l'home que aparentment estava mort. No obstant, el pobre home està tan dèbil que, amb una petita espolsada, en Miquel se'l treu del damunt, i ara sí, parteix corrensos.

Havent baixat, a l'estació, amb un sol dispar a l'aire, en Miquel en té més que suficient per aconseguir via lliure i poder corre cap a la sortida. Bota les portes automàtiques d'un llongo. Puja les escales mecàniques sense deixar de corre i empenyent a tot el que troba pel

165

mig. Surt a l'exterior i segueix corrent sense mirar enrere. Travessa les avingudes sense adonar-se que el semàfor del pas de vianants està vermell. A les dues passes, sent un terrible cop al ronyons. És com una punxada molt intensa. Sembla que el cop li ha rebentat alguna cosa per dintre. Nota que li falta l'aire. És com si, de sobte, la ciutat sencera s'hagués quedat fora oxigen. Comença a veure com els edificis de Ciutat estan donant voltes. Un cotxe l'acaba d'enviar pels aires. Al caure, sent un cop brutal al cap i un renou dedins el crani com si s'hagués trencat un cossiol de test. I res més.

En Miquel acaba d'esclafar-se el cap contra el negre i dur asfalt de l'avinguda Joan March. Totes les seves males idees, tots els seus mals pensaments i tot l'odi acumulat envers a tot quan passava pel seu davant, a la fi, han trobat una encletxa per on poder sortir.

16

La il·lusió dels infants

Avui, en Pep puja al tren d'Inca enfilat damunt un núvol d'estranyes esperances i dolces il·lusions.

Com no podia ser d'altra manera, el primer que fa en Pep, una vegada ha posat el primer peu dedins el tren, és revisar si, avui, com sol ser costum, l'hermosa Paula ha pujat també a aquell mateix vagó. El destí, o millor dit, la costum que té la gent de fer cada matí les mateixes coses, han volgut que aquesta coincidència, tan desitjada per ell, es produeixi, omplint així, el seu cor d'alegria. Al veure-la allà asseguda, tan hermosa i radiant, amb els seus preciosos cabells arrissats i amb aquell somriure tan fascinador, un estrany i inesperat formigueig comença a recorre-li tot el cos. Un formigueig que ha començat a les espatlles, però que ara, ja és per tot arreu. Pareix mentida que, tot un cràpula professional com és ell, sembli ara, un adolescent enamorat. Està tan nerviós que no sap si seguir avançant o quedar-se allà on és. Sort que, per aquella mateixa porta, no ha entrat ningú més darrera seu. El tren arranca, seguint el seu monòton camí, i ell, continua allà dret. Ni avança cap a envant i recula cap a enrera. Tanmateix, pensa en Pep, aprop de na Paula no hi ha cap lloc lliure on poder seure i, per anar fins allà i quedar-se dret com un estaquirot, val més quedar-se on és. Al baixar a l'estació, ja farà el cap viu per anar a saludar-la. En Pep es mor de ganes de tornar a xerrar amb l'hermosa Paula. Es mor de ganes de veure-la de prop i tornar a sentir la seva dolça veu. Però, decideix que ara, el millor, és conservar aquesta distància prudencial i, com si es tractàs d'un simple espectador, recrear-se la vista contemplant-la.

Allà està na Paula, alegre i somrient com sempre, tranquil·lament asseguda i xerrant amb les seves amigues. Elegant com sempre, avui porta, com d'altres vegades, un vestit blanc que ressalta encara més el color torrat de la seva pell, i com no, la seva bellesa. Sobre les espatlles, degut a l'exagerada intensitat amb que solen posar l'aire condicionat del tren, du, elegantment col·locat, un mocador de Tous amb els seus típics ossets. A conjunt, porta una bossa, també de Tous, i unes petites sandàlies de pell que deixen al descobert els seus petits i delicats pevets.

Compartint seient amb na Paula, i també, al seient del davant, s'hi han encatxofat els tres lloros plomats que té per amigues. En aquest altre cas, no és pot dir que, cap de les tres, destaqui ni pel seu bon gust ni per la seva elegància. Més bé, avui sembla que enlloc de vestir-se, han decidit disfressar-se. La que no porta un vestit estampat horrible, du una camiseta de *souvenir* amb lluentons. La que no porta unes ungles dels peus que semblen les arpes d'un voltor, du unes espardenyes amb la cara d'una rata dibuixada. La que no porta el pentinat de les jaies de les rondalles de mossèn Alcover, s'ha col·locat un bolígraf Bic per aguantar-se el monyo. La que no porta els ulls maquillats com si fos un boxejador que acaba de perdre el combat, du unes ulleres que pareix una *tonadillera* de les revistes del cor. En definitiva, un motiu més perquè en Pep es quedi allà on és.

Aquest cap de setmana, ha estat un cap de setmana d'estranyes visions, ja que, anàs on anàs, en Pep es pensava veure a na Paula per tot arreu. Es pot dir que s'ha pensat veure a na Paula fins i tot a dins la sopa.

Dissabte dematí, en Pep va acompanyar a la seva germana a fer una volta pels concessionaris de cotxes del polígon de Son Castelló. La seva germana està cercant un cotxe de segona mà que estigui més o manco bé. No és que a en Pep li agradi gaire la idea d'un cotxe de segona mà. A ell li agrada més l'oloreta de nou que fan els cotxes quan els estrenes. Però, l'economia de la seva germana no dóna per més. Fins ara, havia emprat el cotxe de son pare. Però ahir, a la fi, la varen cridar de la llista d'interins per donar classes a una escola de Capdepera i, per una banda, està clar que necessitarà un cotxe, i per l'altra, no vol deixar als seus pares fora cotxe tot el temps que ella estigui donant classe. En Pep li ha ofert el seu, tanmateix, ell no el podrà emprar fins que no hagi passat aquest maleit any de sanció. Però, ella s'estima més, ara que a la fi tendrà un sou més o manco digne, tenir vehicle propi i deixar de dependre sempre dels altres. A més, li fa por fer-li qualque retxada al Audi del seu germà. La seva germana és molt conscient de la manera exagerada en que en Pep aprecia al seu cotxe. Una vegada els dos germans arribaren a Son Castelló, només entrar al primer concessionari, en Pep va tenir la primera d'aquelles estranyes visions. Allà va veure, girada d'esquena, a una al·lota rossa i amb els cabells llargs i arrissats que, d'un primer com d'ull, es va pensar que era na Paula. Fins i tot, s'hi va apropar per comprovar-ho. Però, al veure-li la cara va comprovar que, aquella al·lota i l'hermosa Paula, eren com la nit i el dia.

A l'horabaixa, va venir a cercar-lo en Vicenç per anar a fer un parell de cervesetes. Tant si volia, com si no, en Vicenç volia que en Pep s'apuntàs a un sopar amb na Teresa, na Marta i ell. En Pep està segur que en Vicenç i la nas de bec de lloro acabaran junts. Na Marta havia deixat la feina al bar i tenia moltes ganes de sortir de marxa. Però, a en Pep li feia molta vessa sortir aquell vespre, i sobre tot, no li feia gens ni mica de ganes anar a sopar amb na Marta. Mentre anava caient una cervesa darrera l'altra, sense que en Vicenç deixàs d'insistir amb el sopar dels nassos, a en Pep, li va tornar a passar el mateix que li havia passat al concessionari. Per la porta del bar, van entrar, agafadets de la mà, una parella d'enamorats i, el molt bàmbol d'en Pep, d'un altre primer cop d'ull, es va tornar a pensar que l'al·lota era na Paula. Sort que no ho va ser. En Pep, s'hagués mort allà mateix, si arriba a veure a na Paula aferrada a un altre home.

Diumenge, quan feia tot just deu minuts que en Pep s'havia aixecat del llit, i just just, havia tengut temps de posar la cafetera al foc, va sentir la melodia del seu mòbil sonant dins la butxaca dels calçons que havia duit el dia abans. Tornava a ser en Vicenç que, aquest pic, li proposava anar a fer una volteta pel mercat de Santa Maria, i prendre després, un variat a Ca'n Beia. Segons en Vicenç, un dels millors variats de tota Mallorca. En Pep va pensar que, segurament, l'única intenció d'en Vicenç era contar-li com havia anat el sopar d'ahir amb na Marta i na Teresa. En Pep de cada vegada està més convençut que aquells dos acabaran aplegats. Ja es veia amb vestit i corbata anant a noces. Va contestar-li que li pareixia una bona idea i que podia passar a cercar-lo al cap d'una hora. Es va prendre un cafè amb llet llis, sense mullar-hi res, i fora enredar més, va anar a dutxar-se abans que no arribàs en Vicenç. En Pep va pensar que, ja que hi era, podia aprofitar per comprar un poc de formatge, unes olives trencades i un poc de fruita, i així, ja tendria el sopar fet. Com era d'esperar, en Vicenç no va fer res més que xerrar de na Teresa i del molt que li agrada aquella al·lota. També va contar-li que na Marta, al sabre que ell no vendria, no havia volgut venir a sopar. En Vicenç trobava que en Pep estava fent el colló amb aquell monument de dona. Al mercat, com ja li havia succeït altres vegades aquell mateix cap de setmana, en Pep es va tornar pensar veure a na Paula entre la gent. Però, aquest pic, degut a la gentada que hi havia ahir pel mercat, va ser incapaç d'apropar-se suficientment per comprovar-ho. En Pep ja començava a estar preocupat amb totes aquelles estranyes al·lucinacions. Na Paula, sense fer res, s'estava tornant una preocupant obsessió.

En Pep continua viatjant dret i aferrat a una barra quan el tren està arribant a l'estació de Marratxí. Allà, un passatger, amb accent català i barbó de boc, s'aixeca per baixar del tren, deixant així, un lloc lliure aprop d'on està ell. En Pep, després de comprovar que ningú més té la

171

intenció d'asseure-s'hi, decideix ocupar la plaça lliure, i fer així, la resta del trajecte descansant el seu cos damunt les anques del cul, en lloc, de fer-ho damunt les plantes dels peus. Just al seient del davant, hi ha asseguts, un pare tot orgullós i la seva filla petita. La nina, un encant de cabells rossos i una cara d'anunci de televisió, no deu tenir més de dos o tres anys, però, tot i així, xerra pels colzes. A més, la nina té uns ulls que, sense ser ni cels ni verds, són preciosos. Uns ulls que no els tanca ni per parpellejar, no fos, que es perdés qualque detall del paisatge que hi ha darrera la finestra.

-Papi! Hi ha arbres. Ho has vist? -Diu la nina mirant per la finestra tota il·lusionada.

-Sí! Hi ha arbres. -Li contesta el pare amb un somriure als llavis.

-Papi! Hi ha cases. Ho has vist?

-Sí! Hi ha moltes cases.

-Papi! Hi ha núvols. Ho has vist?

-Sí! Hi ha núvols. -Contesta el pare tot gojós al veure que l'altra gent està mirant a la seva filla amb admiració.

-Papi! M'agrada molt anar en tren. És molt gran el tren. A que sí papi?

-Sí Glòria, és molt gran el tren. I tu, tens molta xerrera avui per ser tan prest. No tens soneta?

Passa el revisor del tren i, mentre fa una jutipiri traient-li la llengua a la nina, els cobra el trajecte, per després, entregar-li al pare el tiquet que hauran de passar per l'escànner de les portes de l'estació per poder sortir. El pare recull el tiquet i el dóna a la nina que l'agafa com si fos un tresor.

-Papí! Podré dur aquest paperet a l'escoleta demà? El mostraré a n'Aina i a n'Alba. Els contaré que hem anat en tren.

-Sí! T'ho pots endur. Però, ara no el perdis que l'hem de menester per sortir.

-Un altre dia, tornarem anar en tren papi?

-És clar que sí Glòria.

-Vull seure al teu lloc.

-D'acord. -Contesta resignat el pare mentre s'aixeca per baratar-li el seient. -Però, no molestis a l'altra gent.

-Un dia vendrà també la mami? -Demana la nina mentre acomoda el seu culet i les seves curtes cametes a aquest altre seient.

-Sí! Un dia que la mami no hagi d'anar a treballar, anirem tots tres amb tren.

-Papi! Vull venir damunt tu.

El pare agafa a la nina per davall els braços, se la posa damunt les cames i col·loca les de la nina de tal forma que, amb el peus, no molesti a ningú. La nina, una vegada està damunt son pare, s'hi col·loca ben aferradeta i, tancant els ulls, es fa la dormida. El pare li acaricia els cabells i somriu a l'altra gent a mode de disculpa per tot el trull que ha fet la nina.

De sobte, igual que si començàs un espectacle dels dimonis de Factoria de por, se sent un tro terrible que ressona dins tot el vagó. La pobra nina es posa a plorar tota assustada. El pare, sense entendre molt bé el que està passant, l'abraça ben fort, protegint-la així amb el seu cos del possible perill. Pareix mentira, però, sembla que un boix ha tret una arma de foc i està disparant dedins del tren. En Pep, tot i que les cames li tremolen, s'aixeca instintivament per veure que està passant. Una vegada dret, veu a aquell tocat de l'ala amb una caçadora passada i empunyant el que sembla un revòlver amb la mà dreta. Sembla que no ha ferit a ningú. Per ventura, sols ha efectuat un tir a l'aire per assustar a la gent. Però, veient la cara d'aquell troç d'ase, carregada d'odi i de ràbia, la cosa no pinta gaire bé.

En Pep, mentre dubte de si tirar-se o no a terra, queda sorprès de veure com na Paula, en un acte totalment irresponsable i incomprensible, s'aixeca per posar-se davant el boix del revòlver. Segurament, la seva intenció és fer que reconsideri l'animalada que està fent. Però, aquell tarat, lluny de reconsiderar res del que està fent, no abaixa l'arma i sembla que s'ha emprenyat encara més. Tenint en compte la postura que ha adoptat aquell anormal i veient l'odi que supura de la seva mirada, es pot dir que, si no fa via a apartar-se, hi ha molts de números que acabi disparant-li. Na Paula, valenta com és ella, no s'acoquina i comença a increpar-lo. Però, si no fa via a fugir del mig, aquell imbecil encara li acabarà pegant un tir sense voler. En Pep, veient clarament el perill que corr na Paula, surt disparat al passadís per anar a salvar-la. Vol corre fins allà a on és ella i tirar-se al seu damunt per protegir-la. Però, a mig camí, se sent un altre dispar. Un dispar que torna a ressonar dins el vagó com si fos una bomba. Un dispar que el deixa paralitzat. Immòbil i amb el cor estret, els pitjors pensaments passen com un llamp pel seu cervell. Però, sembla que na Paula està bé. Sembla que el dispar no l'ha ferida. Sembla que el dispar ha anat directament a estavellar-se contra una finestra del vagó, fent que el vidre d'aquesta, esclati en mil bocins. La resta de passatgers estan morts de por, qui més qui manco, si no s'ha tirat a terra, s'ha posat a plorar o a cridar apoderat pel pànic.

Pegant dos llongos i abans que el darrer dels bocins del vidre d'aquella finestra arribi al terra, en Pep ha arribat devora on està na Paula i, amb la intenció de protegir-la, l'ha empesa damunt els seients del costat, on ja no hi havia ningú assegut. Amb aquesta brusca acció, en Pep ha aconseguit llevar a na Paula de la línia de foc d'aquell boix. Forçosament i per primera vegada avui, les seves mirades s'han creuat, creant així, dins aquell petit infern, una atmosfera màgica. Na Paula, en senyal d'alleugeriment i d'agraïment, li somriu. Simplement li somriu. Ella se sent segura i, tot i les circumstàncies, molt a gust al costat d'en Pep, i ell, se sent feliç al veure-la a salv i tan aprop seu. En Pep hauria d'haver-se quedat allà quiet. Ajagut devora na Paula. Abraçant-la. Abraçant-la tan fort com pogués. Però, enlloc de fer-ho, en Pep comet el terrible error de mirar cap a on hi ha aquell assassí en potència. Per damunt l'espatlla d'aquell bollat, l'espatlla del braç que està empunyant aquell revòlver fumejant, veu com, l'ombra gran i negra d'en Tomeu, s'està llançant amb força damunt aquell cap de fava. Com si es tractàs d'un castell de sorra empès per un *bulldozer*, aquell cap de suro cau a terra. Però, el malparit no amolla el revòlver. Tot i haver caigut, el perill continua latent. En Pep, sense pensar-s'ho dos cops, fa l'increïble doi d'anar a llançar-se damunt aquell troç de banc per ajudar a en Tomeu a desarmar-lo.

-Deixau-me que els mati! -Crida el molt animal des de terra, referint-se als dos joves que té al davant.

Unes dècimes de segon després, el boix del revòlver prem el gallet i dispara. Aquest pic, en Pep no ha sentit l'estrepitós renou del dispar, en el seu lloc, ha sentit un mal terrible al ventre. Com si, un ca de bestiar li hagués pegat una mossegada, i després, qualcú li hagués introduït un caliu encès dins la ferida. Es posa la mà aquí on ha sentit el mal i, sorprès i espantat al mateix temps, nota com un líquid calent i vermell li està brollant per la mossegada. Tot seguit, fins i tot abans de prendre consciència que està ferit de bala, nota com si tot el seu cos hagués perdut la força. Les cames li fan figa i cau a terra. Amb la mà dreta es pitja fort la ferida, intentant aturar així l'hemorràgia, però, la sang s'obri pas entre els seus dits. És com si, de totes totes, la sang no volgués estar més dins el seu cos. Tot s'està tornant borrós. Tot menys la imatge de l'hermosa Paula a salv i estalvi.

En aquest precís instant, el tren arriba a l'estació de la plaça d'en Joanot Colom i s'atura. En Pep veu com, aquell criminal, després d'haver-li foradat el ventre, vol fugir corrensos de l'escena del crim. En Pep no ho pot consentir. Encara que sigui la darrera cosa que faci, l'ha d'aturar. Així com pot, l'agafa per la cama dels calçons, intentant així, que aquell desgraciat no pugui fugir. Però, aquella feble trava no dura molt. En Pep està molt dèbil i el pistoler no té gaires problemes per, amb una cossa, desfer-se de la mà que el subjectava i fugir d'allà tan aviat com pot.

El pobre Pep, amb un gran sentiment de frustració i amb les poques forces que li queden, veu com el seu assassí se'n va corrent. Escolta com, una vegada a defora, l'animal encara efectua un altre dispar. Mira a na Paula que, en aquell mateix instant, s'està aixecant dels seients on ell l'havia protegida. A pesar de tot, està content. Ha salvat a na Paula. El seu amor està a salv i fora de perill. Els ulls se li tanquen. Nota com una petita mà li acaricia dolçament la cara. Deu ser na Paula. Vol tornar a obrir els ulls. Però, no pot.

17

Amor meu

Avui, al tren d'Inca, a diferència d'altres dematins, no hi podran pujar ni en Miquel ni en Pep.

La majoria de passatgers que normalment, cada dematí, agafen el tren per baixar a Ciutat, ja sigui per anar a fer feina, per anar a l'escola, a l'institut o a la universitat, o per anar a comprar o a passejar, ni tans sols se n'adonen que avui falten dos passatgers. Dos passatgers que, com ells, cada dematí agafaven el tren per, en el seu cas, anar a treballar. Dos passatgers que, cada dematí, aprofitaven aquesta estoneta de temps mort que dóna el trajecte per, reflexionar sobre el que havia succeït el dia abans o, per anar pensant que farien al arribar a la feina. La majoria de passatgers ni tans sols s'ha fixat mai amb ells, excepte és clar, els pobres desafortunats que ahir varen coincidir amb ells dos al vagó i que varen viure el que, per ventura, és el fet més lamentable que ha succeït mai dins el tren d'Inca. Dins aquest petit conjunt de passatgers que formen aquesta excepció hi ha l'hermosa Paula. Na Paula, ahir, amb el seu acte de valentia o d'irresponsabilitat, segons com es miri, es va convertir en protagonista destacada d'aquest desagradable succés. A pesar de tot, avui na Paula ha pujat al tren d'Inca per anar a treballar, com ha fet cada dematí i com és la seva obligació. Aquesta estranya obligació que, ens força a fer coses que no ens fa ganes fer i que ens impedeix fer-ne d'altres que sí desitjam amb totes les nostres forces, però, que no gosam fer, emprant aquesta obligació com a excusa inexcusable.

Ahir na Paula, al veure al pobre Pep ajagut enterra, immòbil, i amb aquella ferida de bala expulsant sang, tot just després d'haver-se llançat per salvar-la, es va pensar, sense cap mena de dubte, que aquell animal, amb aquell desafortunat dispar, l'havia mort. Però, tot i així, tot i pensar-se que ja estava llest i que no hi havia res a fer, la seva primera reacció va ser treure-se el mocador que duia al coll, i amb ell, pitjar ben fort aquella ferida sagnant, intentant així, aturar aquella maleïda hemorràgia. Es va agenollar per poder pitjar millor damunt la ferida, i va ser llavors, quan va descobrir que en Pep encara no havia mort, que encara respirava, i que tot just ara, simplement havia perdut el coneixement. Estant allà acotada, amb els ulls plens de llàgrimes, veient que en Pep seguia viu, aparentment molt dèbil, però viu, el seu cor es va omplir d'alegria i no va poder, ni tampoc va voler, reprimir-se les ganes d'acariciar-li la cara. Suaument, va començar a acariciar-li la galta, per després, delicada i lentament, anar pujant els dits fins arribar als seus cabells. Cabells que va anar decantant cap a enrera, un pic i un altre, a fi de poder contemplar-li millor la cara. Va estar-se així tot el temps, acariciant-lo suaument i pitjant ben fort la ferida de

179

l'estómac amb el mocador. Fins que, a la fi, varen arribar els sanitaris del 061.

Un jove amb una barba de dos dies, els cabells rapats quasi al cero i vestit amb l'uniforme llampant i multicolor que duen els tècnics sanitaris, li va dir, molt amablement, que es retiràs mentre el metge i l'infermer atenien la ferida del seu amic. Aleshores, ja no quedava ningú més dins el vagó. Quasi tothom ja se n'havia anat. Els quatre xafarders que quedaven, s'ho miraven tot des de defora, o bé, a través de la porta del vagó que estava oberta, o bé, a través dels vidres de les finestres. Ràpidament, li varen tenir posada una via i, mentre uns intentaven controlar l'hemorràgia, l'altre preparava la llitera per transportar-lo. Davant els ulls de na Paula, tot passava molt aviat. Massa aviat perquè ella pogués entendre res del que feien o deien els sanitaris. Quan tot pareixia controlat i ja tenien a en Pep col·locat damunt la llitera, l'infermer va demanar-li a na Paula si es tractava d'un familiar seu. Na Paula, sorpresa per aquella situació i per la inesperada pregunta de l'infermer, va contestar que no, sense aturar-se a pensar que, per ventura, si hagués contestat que sí, segurament l'hagués pogut acompanyar amb l'ambulància fins a l'hospital.

Allà dreta, impressionada per tot el que havia succeït i amb la roba un poc bruta de sang, va observar com, amb molta cura i al mateix temps tant aviat com podien, un a cada banda de la llitera i l'altre subjectant una bossa que devia ser de sèrum, es varen emportar a en Pep cap a l'ambulància.

-Adéu Pep. Posat bé per favor. -Va gosar dir-li na Paula a mode d'acomiadament.

Una vegada se'n va haver anat en Pep amb l'ambulància, na Paula, més per inèrcia que per la utilització d'un raonament mitjanament lògic, va anar caminant cap al seu lloc de treball com hagués fet qualsevol altre dia. Quan va arribar-hi, com no podia ser d'altra manera, al veure l'aspecte que feia la pobreta, amb la roba tota mastegada i plena de sang, amb un rosari de llàgrimes regalimant-li per la cara i amb tal estat d'excitació que feia impossible entendre res del que intentava explicar, li varen donar permís per agafar-se el dia lliure. Ella, agraint el detall i sense dubtar-ho un instant, va tornar a l'estació per anar cap a casa a netejar-se un poc, mudar-se de roba i després, una vegada aclarit a quin hospital havien duit a en Pep, partir cap allà amb el cotxe sense perdre ni un segon més.

Tot l'horabaixa, na Paula, juntament amb una altra gent que no coneixia de res i que va suposar que devien ser els familiars d'en Pep, va estar-se, asseguda a la sala d'espera de l'hospital Son Llàtzer, esperant fins a sabre notícies de l'evolució de l'estat del pobre Pep. Després d'una llarga espera, un metge molt agut i amb cara d'estar ben cansat es va reunir amb els presumptes familiars d'en Pep. El metge els volia explicar com havia anat la intervenció. Segons va sentir que deia, l'operació havia anat molt bé, i en Pep, es trobava estable i fora de perill. En un principi, no s'esperava que hi hagués cap mena de complicació. Com que, a veure-lo, sols varen deixar passar a la que devia ser sa mare i només durant uns pocs minuts, i com que, ella ja havia aclarit el que havia vengut a sabre, na Paula, va decidir tornar cap a ca seva a descansar un poc. Per sort, en Pep estava bé, o almenys, estava viu.

Avui, la intenció de na Paula no és altra que, tot d'una que surti de la feina, partir cap a l'hospital, esbrinar si ja li han donat una habitació a planta i veure com està el seu estimat Pep.

A l'habitació 217 de l'hospital Son Llàtzer, una mà tremolosa empeny la porta de l'estància, poc a poc i intentant no fer gens ni mica de renou, almenys, fins sabre del cert que no hi ha ningú dormint.

-Bones tardes. Com es troba en Pep? -Demana susurrant en Vicenç.

-Hola Vicenç. Passa, passa. -Li contesta la mare d'en Pep mirant de no aixecar massa la veu. Cosa que indica que en Pep deu estar dormint. -En Pep està bé. Sembla que tot i donar-nos un bon ensurt, ara es troba bé. Fa una estona estava despert, però ara, s'ha tornat a condormir.

-I vos, com estau? -Li demana en Vicenç a aquella doneta que semblava una ànima en pena. Mentre, sorprès per la gran quantitat d'aparells i sondes que hi ha a l'habitació, un gran sentiment de llàstima i de por es va apoderant d'ell cada vegada que mira al seu amic ajagut al llit.

-Jo estic bé Vicenç. Ara que sembla que ja ha passat tot i que ja està fora de perill, estic molt més tranquil·la. No passis pena.

En Pep, que continua amb els ulls clucs, ho ha sentit tot i esta dispost a fer un esforç per mirar de deixondir-se, i agrair així, la visita al seu bon amic Vicenç. Però, al veure que no ha vengut sol, sinó, que ha vengut acompanyat per na Marta i na Bec de lloro, desisteix de fer l'esforç. En Pep no l'ha vist ni l'ha sentit, però, al llindar de la porta s'hi ha quedat, fora dir res, el pobre Guillemet que, entre la vergonya i la tristor, pareix un me camí de l'escorxador.

-Hola! -Diu la del nas de trinxet així com entren les dues al·lotes per la porta.

-Aquestes dues nines són amigues d'en Pep, i també, han vengut a veure com està. Na Teresa i na Marta. Aquest altre al·lot és en Guillem. En Guillem és el germà de na Marta, i a més, company de feina d'en Pep. -Indica en Vicenç a la mare d'en Pep una vegada ja han entrat a l'habitació. -Na Teresa és la meva al·lota. -Puntualitza en Vicenç, just abans que comenci el típic ritual de les dues besades a la galta, sempre que dues persones es coneixen, i almenys, una d'elles és dona. Dos homes, simplement es donarien la mà o amollarien un «Com va?», just després, de fer un lleuger i quasi imperceptible moviment de cap.

-Mira per on! -Assenyala la mare d'en Pep que, tot i que ho intenta, no pot llevar els ulls de l'enorme i corbat nas de na Teresa. -I tu com et trobes, Vicenç?

-Idò, ben fotut! Avui, de bon dematí, he sabut que, un amic meu, en Miquel, ha mort envestit per un cotxe quan travessava les avingudes amb el semàfor en vermell. Encara no puc arribar a entendre com és que, una persona tan prudent com en Miquel, va travessar en vermell sense mirar si venia cap cotxe. Què putes devia tenir per haver de frisar tant! I després, a mitjan horabaixa, arrib a ca nostra i tot el poble n'anava ple de la pardalada que li ha passat a en Pep.

Drets devora d'una finestra de l'habitació, es posen a xerrar, tots excepte en Guillemet, que com era d'esperar no gosa ni obrir la boca. La mare d'en Pep i en Vicenç recorden les dolenties que feien en Pep i ell quan sols eren dos al·lots pucers i ja eren el terror del poble. La conversa s'allarga fins que, en Vicenç, veient que en Pep no sembla que s'hagi de despertar i tenint por de no molestar a la pobra dona, pensa que és millor anar-se'n i tornar a l'endemà. La mare d'en Pep, després d'haver-se passat tota la nit vetllant al seu fill, es troba ben cansada. Per tant, decideix que els acompanyarà fins a la sortida, i de la mateixa, aprofitarà per estirar un poc les cames i fer un cafè amb llet al bar. A aquelles hores, i sense haver-se duit res a la boca des d'ahir, la pobra dona està ben desanada. Pensa que en Pep s'ha tornat a dormir i no se'n temerà de res.

Al taulell d'informació de la segona planta de l'hospital Son Llàtzer, amb la veu tremolosa, sense tenir gaire clar si aquell és o no el seu lloc, i sense haver acabat de decidir si és millor fer una visita a l'hospital o realitzar una simple una telefonada, s'hi atura na Paula posant-hi els dits d'ambdues mans al damunt. És com si tengués la necessitat d'aferrar-se a qualque cosa per no caure defallida.

-Perdoni! L'habitació d'en Pep Sureda? -Demana un poc nerviosa na Paula al salador del mostrador.

-A meam... Sureda.. aquí. En Josep Sureda es troba a l'habitació 217. Al fons del passadís a mà esquerra. -Contesta molt amablement el salador després de consultar-ho a l'ordinador.

Un poc neguitosa, però no tant com seria d'esperar, na Paula recorr el passadís que li ha indicat el salador, travessant amb els seus petits peus el silenci misteriós que resideix a l'hospital, fins arribar a l'habitació 217. A la fi, es troba just davant la porta que li permetrà sabre com es troba el seu estimat. Només, un troç de fusta amb dues frontisses els separa. Però, just abans d'entrar, decideix aturar-se un segon i respirar profundament. La por a veure a en Pep en un mal estat o el simple fet de veure-lo ajagut al llit i ple de sondes, la té un poc assustada. S'ompl de valor i pega, amb els dits de la mà, dos copets a la porta per sabre si es pot passar. Des de l'interior no hi ha cap mena de resposta. Una vegada ha esperat el que ella troba que és un temps més que prudencial, decideix entrar-hi, tot i que, encara té el dubte de, si és que realment no hi ha ningú dins l'habitació, si és que no l'ha sentida ningú, o simplement, és que ella no ha sentit la resposta que li donava la gent de dedins.

En Pep, que fins al moment estava mig a les fosques, nota com qualcú està obrint la porta de l'habitació, permetent així, que la claror del passadís entri silenciosament dins la seva habitació. En el buit de la porta, rodejada per aquesta càlida claror, hi ha un figura humana. Una figura hermosa i infinitament esperada i desitjada per ell. Silenciosament, l'hermosa Paula està entrant a la cambra, i aviat, serà al seu costat. A pesar de tot el que ha succeït, na Paula està preciosa i radiant com sempre. El cor d'en Pep s'ompl de joia i alegria al veure que la seva estimada ha vengut a visitar-lo.

-Hola Pep! Com et trobes? -Li demana na Paula, mentre, amb els llavis, dibuixa el seu màgic somriure, i al mateix temps, unes contradictòries llàgrimes neixen a les conques dels seus preciosos ulls, per llavors, al vessar, anar davallant suaument pel seu bonic rostre.

-Hola Paula. Estic bé. No tant bé com tu, però feim el que podem. -Contesta en Pep, intentant, no sense esforç, mostrar el seu bon humor.

Na Paula, delicada i acuradament, tenint en compte les circumstàncies, se seu damunt el llit d'en Pep. En Pep sent que mai havia estat tan aprop de ningú, com pareix ara, que ho està de na Paula. Així, mirant-se, compartint el mateix aire, en silenci, sense dir-se res i al mateix temps dient-s'ho tot, gaudint simplement del moment, estan tots dos una llarga estona, fins que, en Pep, degut un poc a l'agotament i un poc als efectes de la sedació, tanca suaument els ulls i somriu. Al veure la cara de felicitat que fa en Pep, na Paula s'acosta un poc més, l'acaricia i, donant-li una besada a la galta, li diu:

-T'estim Pep.

Són unes paraules sinceres i carregades d'amor. El cor d'en Pep, al sentir aquelles paraules i notar aquella delicada carícia amb els llavis, comença a accelerar-se. En dècimes de segon es posa a mil per hora. És com si volgués sortir-li defora. La col·lecció d'aparells que estan connectats al seu cos comencen a xiular i a encendre tota classe de llumets vermells, taronges i verds. Els ulls d'en Pep continuen tancats, com si res hagués passat. Na Paula, un poc assustada, el torna a acariciar i el besa als llavis.

-Pep! Amor meu! no te'n vagis ara!

FI

Agraïments

La lectura és una afició que sempre m'ha fet gaudir, i que a més, amb els anys he aprés a assaborir. Aquest entreteniment m'ha duit a llegir una infinitat de novel·les, assaigs, contes i històries de tot tipus, i entre elles, algunes de molt bones i molt ben escrites. Però, juntament amb aquesta afició, sempre he tengut una estranya curolla. La curolla de sabre si jo seria capaç d'escriure una història que em satisfés. Una història més o manco original i ben escrita que fos, fins i tot, entretinguda. Idò, aquesta petita novel·la és, per ventura, la realització d'aquesta curolla. Per tant, una vegada acabada, només em resta donar les gràcies a un conjunt de persones que m'han anat donant ànims tot aquest temps que l'escrivia. Primer de tot, està la meva família, que m'ha animat a tirar endavant i m'ha fet veure que tampoc era cap doi el que estava fent. També vull agrair, als passatgers de la zona «V.I.P» del tren d'Inca, l'interès que han mostrat per sabre com duia el llibre. Aquest interès és

187

el que ha fet que em decidís finalment a publicar-ho. I per acabar, vull donar les gràcies als meus companys de despatx que, a part del suport i l'ajuda que m'han donat, cada dematí han hagut de sofrir preguntes de l'estil de: Com s'escriu...? Com diries...? A tots ells, moltes gràcies!